ラクに楽しく1時間

中学英語
ラクイチ
授業プラン

ラクイチ授業研究会 編

G 学事出版

まえがき

　この本は、「ラクに楽しく１時間」をコンセプトにした、これまでにないタイプの授業プラン集です。ラクイチ国語、社会に続いて、シリーズ第3弾になります。

　教師生活をしていくと、明日の授業準備が追いつかない、次の１時間を何とか乗り切らなければならない、といったピンチに陥ることがあります。その原因は様々ですが、急に授業の代行をお願いされた、部活や行事の担当で忙しい、試験実施直後で採点業務と並行している、生徒指導に時間を取られてしまった、などの理由があります。

　本書で紹介している「ラクイチ授業プラン」は、まさにこのような場合にうってつけのものばかりです。準備の手間は少なく、様々な切り口から１時間を実りあるものにできる授業プランを50本集めてあります。英語を担当している福井県の先生方にお声がけし、指導案とワークシートを持ち寄り、議論・校正を重ねたものです。ラクイチ授業プランの条件は以下の３つです。

```
1   １時間で完結する
2   準備に時間がかからない
3   誰でも実践できる
```

　この授業プランは、単に急場をしのぐだけではなく、もっと積極的な使い方もできると考えられます。例えば、教科書での学習を終えた後に発展課題・まとめや理解の確認として活用する、研究授業や体験授業会のときに実施する、クラスの学習意欲が下がっている時に気分を変えるために取り入れる、等、様々な場面で応用的に使うことができます。

　さらに、それぞれの授業プランを素材（ソフト）と学習活動（ハード）の組み合わせとして表現してあります。それらの項目を入れ替えていくことで、新たな授業プランを発想することが可能です（発想を手助けするために、巻末にカードを付けてあります）。

　本書の役割は、主に２つに分けることができます。

　１つは、「非常食」としての役割です。普段は職員室に置いておき、いざ時間がない、となればこの本を開いて、使えそうな授業プランを探してみてください。何かヒントが見つかるはずです。また、いくら急場をしのぐプランとはいえ、先生も生徒も笑顔で１時間を過ごし、授業のねらいが達成できるならば、それに越したことはありません。そのような気持ちで著者一同執筆しています。いわば「おいしい非常食」を目指したつもりです。

　もう１つは「レシピ集」としての役割です。本書に載せている授業プランは、あくまで一例。掲載された事例を参考にしながら、さらにアレンジを加えることができます。また、ソフトとハードの組み合わせを変えて、全く新しい料理（授業）を創作することも可能です。ぜひ挑戦してみてください。

　生徒に英語の力をつけることはもちろん大切ですが、それと同じくらい先生が授業を楽しむことも大切だと考えています。本書を通じて、忙しくも充実した毎日を送っておられる先生方が楽しく授業を進めるためのお手伝いができればと思います。

　教科を越えたラクイチの輪がさらに広がっていくことを願い、まえがきとさせていただきます。

ラクイチ授業研究会英語科代表　　江澤　隆輔

本書の使い方

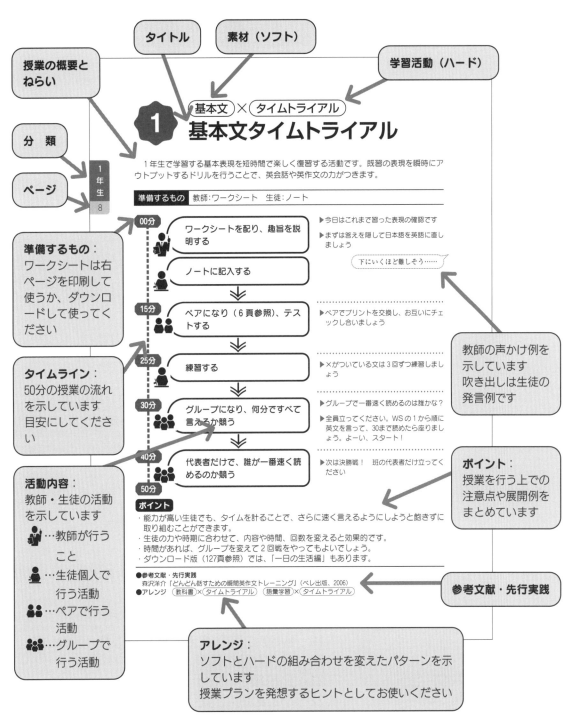

付録のカードの使い方動画はこちら
（YouTube の「ラクイチ授業研究会」にリンクします）

中学英語 ラクイチ授業プラン
― もくじ ―

まえがき　2
本書の使い方　3
付録カードの使い方（動画QRコード）　3　　※「QRコード」は株式会社デンソーウェーブの登録商標です。
本書でよく使われる活動　6

1章　1年生　7

1　基本文タイムトライアル　8
2　Picture Description　10
3　フォニックスを知ろう　12
4　過去形ビンゴ　14
5　100DOTS！　16
6　英単語かるた　20
7　密着！クラスメートの1日取材　22
8　フォニックスを練習しよう　24
9　友達のことを知ろう　26
10　これはどこの都道府県？　28
11　私の友達紹介します！　30
12　I-Mapで自己紹介　32
13　この熟語、読める？　34
14　わたしのEnglish Name　36
15　英単語クロスワードパズル　38
【補足資料】フォニックスルールの指導法　41

2章　2年生　43

16　町のPR大使　44
17　My Life Plan　46
18　これは誰の日記？　48
19　Whyに何回答えられるかな？　50
20　これが私の理想の学校　52
21　比較級でトーナメント　54
22　どこの国に行きたい？　56
23　比較級クイズ　58
24　町の魅力を紹介しよう　60

25　My Passport をつくろう　62
26　隠れている単語を見つけ出せ！　64
【座談会コラム❶】　67

3章　3年生　69

27　スマートフォンは必要か否か？　70
28　わたしは誰でしょう？　72
29　あなたはことわざ翻訳家！?　74
30　ヒントは後からついてくる　76
31　超シンプルストーリー　78
32　Classroom Research　80
33　英英辞典をつくろう　82
34　現在完了形をイマジンしよう　84
35　教科書4コマ漫画　86
36　間違いだらけの英作文　88
【座談会コラム❷】　91

4章　全学年　93

37　オノマトピ〜アで食レポ　94
38　辞書で多義語クイズ　96
39　なりきり音読　98
40　音読でヨーロッパを旅しよう　100
41　三角貿易ライティング　102
42　名英文の作成大会　104
43　品詞がヒント　106
44　Eigo Haiku の世界へ　108
45　今年の英単語　110
46　組み合わせストーリー　112
47　キャッチコピーを考えよう　114
48　ペア・ディクテーション　116
49　和製英語はどれだ　118
50　英会話でペンゲーム　120
【座談会コラム❸】　123

過去形ビンゴ［オリジナル編］　125
English Name リスト［資料］　126
ラクイチシリーズ情報コーナー　127
執筆者一覧／ダウンロード版に含まれるコンテンツ一覧　128

本書でよく使われる活動

授業プランのなかでよく使われている活動は以下の3つです。適宜ご参照ください。

●ペアワーク〔準備物：なし〕

手　順
・隣同士でペアを組む。
・2人が望ましいが、欠席や席の配置で難しい場合は、3人でもOK。
・じゃんけんでどちらが先に練習するか決める。
・「廊下側が先に活動」「窓側があと」などと教師が指定してもOK。
・終わったペアから座るなどとしても活動を促せる。

アレンジ
・隣のペアで活動が終わったら、席が縦（前後）のペア、斜めのペアで組むと、より多くの生徒と活動できて効果的です。

●グループ投票〔準備物：なし〕

手　順
・少人数のグループを組む。4、5人が望ましい。
・グループの代表者を決める。（じゃんけんなどで決めてよい）
・お互いの作品を回し読みする。
・代表者を中心に話し合い、その中で一番よいものを選ぶ。
・代表者が、クラス全体に発表する。

アレンジ
・クイズを出し合ったり、発音練習をしたりする場合にも有効。

●ギャラリーウォーク〔準備物：小さいマグネット（人数分）〕

手　順
・完成した作品を、マグネットを用いて黒板に貼っていく。
・生徒は自由に見てまわる。

アレンジ
・マスキングテープなどを利用し、教室の壁や廊下に貼っていく。広めのギャラリーウォークになる。
・机の上に置いておき、見てまわるだけでもよい。

1章

1年生

基本文タイムトライアル

基本文 × タイムトライアル

1年生で学習する基本表現を短時間で楽しく復習する活動です。既習の表現を瞬時にアウトプットするドリルを行うことで、英会話や英作文の力がつきます。

準備するもの 教師：ワークシート　生徒：ノート

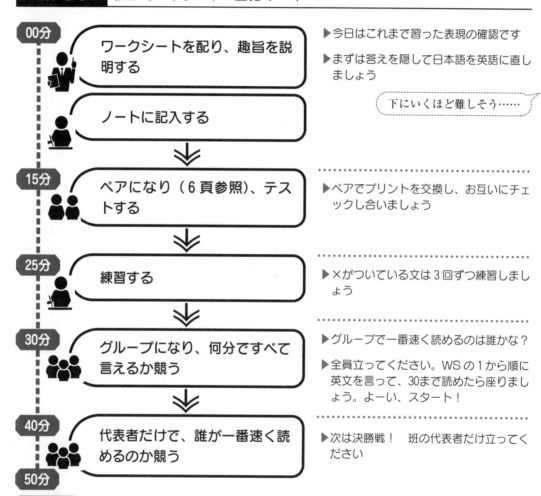

時間	活動	指示・声かけ
00分	ワークシートを配り、趣旨を説明する	▶今日はこれまで習った表現の確認です ▶まずは答えを隠して日本語を英語に直しましょう（下にいくほど難しそう……）
	ノートに記入する	
15分	ペアになり（6頁参照）、テストする	▶ペアでプリントを交換し、お互いにチェックし合いましょう
25分	練習する	▶×がついている文は3回ずつ練習しましょう
30分	グループになり、何分ですべて言えるか競う	▶グループで一番速く読めるのは誰かな？ ▶全員立ってください。WSの1から順に英文を言って、30まで読めたら座りましょう。よーい、スタート！
40分	代表者だけで、誰が一番速く読めるのか競う	▶次は決勝戦！ 班の代表者だけ立ってください
50分		

ポイント

・能力が高い生徒でも、タイムを計ることで、さらに速く言えるようにしようと飽きずに取り組むことができます。
・生徒の力や時期に合わせて、内容や時間、回数を変えると効果的です。
・時間があれば、グループを変えて2回戦をやってもよいでしょう。
・ダウンロード版（127頁参照）では、「一日の生活編」もあります。

●参考文献・先行実践
　森沢洋介『どんどん話すための瞬間英作文トレーニング』（ベレ出版、2006）
●アレンジ　教科書 × タイムトライアル　語彙学習 × タイムトライアル

基本文タイムトライアル［ベーシック編］

クラス（　　　）　番号（　　　）　氏名（　　　　　　　　　）

Step1　プリントを半分に折って、日本語を英語に直してみよう。
Step2　ノートに書けたら、答えを確認しよう。
Step3　ペアで練習しよう。
　①お互いのプリントを交換します。
　②片方の人は、日本語だけを見ながら、英語に直していきましょう。
　③ペアの人は、相手が正しく言えたら〇を、言えなければ×をつけていきます。
　④×をつけたときは、正しい答えを伝えてあげましょう。
　⑤最後までいったら、役割を交代して同様に行います。

	〇×	日本語	英語
1		私は1台車を持っています。	I have a car.
2		私は2台車を持っています。	I have two cars.
3		私は本が好きです。	I like books.
4		私は毎日テニスをしています。	I play tennis every day.
5		彼は多くの本を持っています。	He has many books.
6		私は野球が好きです。	I like baseball.
7		トムはサッカーが好きです。	Tom likes soccer.
8		彼の兄もサッカーが好きです。	His brother likes soccer, too.
9		彼らは日本語を上手に話します。	They speak Japanese well.
10		彼は数学を教えています。	He teaches math.
11		彼は野球を毎日しています。	He plays baseball every day.
12		私は彼を知っています。	I know him.
13		彼らは私を知っています。	They know me.
14		彼女は毎日ピアノを弾きます。	She plays the piano every day.
15		トムは上手に日本語を話せます。	Tom can speak Japanese well.
16		トムは上手に日本語が書けません。	Tom can't write Japanese well.
17		私はピアノが弾けます。	I can play the piano.
18		私はギターが弾けません。	I can't play the guitar.
19		彼女は車を運転できません。	She can't drive a car.
20		私たちはアフリカで動物が見られる。	We can see animals in Africa.
21		私たちは冬に山でスキーができる。	We can ski in the mountain in winter.
22		多くの人たちが夏に海へ行きます。	Many people go to the sea in summer.
23		私は昨日サッカーをしました。	I played soccer yesterday.
24		私は先週サッカーをしました。	I played soccer last week.
25		私は昨日公園でテニスをしました。	I played tennis in the park yesterday.

2 現在進行形 × Picture Description
Picture Description

絵（写真）を見て、それを描写するスピーキングやライティングを行う活動です。現在進行形はもちろん、三人称単数現在形の復習などとしても活用できます。

準備するもの　教師：ワークシート、パソコン、写真データ

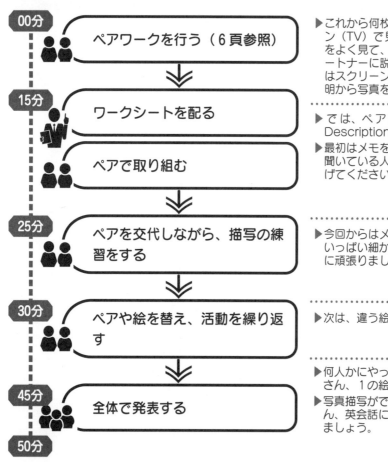

ポイント
・ダウンロード版（127頁）を使えば、好きな絵や写真で活動させることができます。
・ワークシートを配布する場合に使用する絵や写真は、最近学習した単語や文法が使えるようなものを選ぶとよいです。
・英検の問題などを取り入れるなど工夫すると、写真描写が実際に価値のある活動であることがわかり、やる気が高まります。

●写真を選ぶときに参考にできるサイト
・「タダピク」（http://www.tadapic.com/）「いらすとや」（http://www.irasutoya.com/）
●参考文献・先行実践
長尾和夫、トーマス・マーティン『英語検定 写真描写問題トレーニング』（秀和システム、2017年）
●アレンジ　三単現 × Picture Description　英語詩 × Picture Description

Picture Description

クラス（　　　）　番号（　　　）　氏名（　　　　　　　　　　）

写真や絵を見て、できるだけ細かく英語で説明しよう。動作は現在進行形を使おう！

	絵・写真	英語（メモでも可）
1		
2		
3		
4		
5		

3 フォニックス × 法則探し
フォニックスを知ろう

音と文字の関係性を学ぶ授業です。単語の読み方にはルールがあることを知り、効率的に未習語の読み方を考え、語を覚えやすくすることができます。

準備するもの 教師：ワークシート

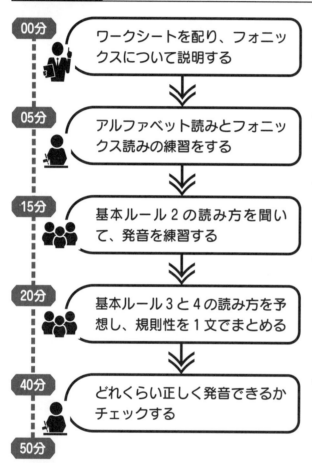

時間	活動	教師の発話・ポイント
00分	ワークシートを配り、フォニックスについて説明する	▶アルファベットには、アルファベット読みとフォニックス読みの2つがあります ▶フォニックスを学ぶと、習っていない単語の発音を推測できたり、単語のスペルを覚えやすくなったりしますよ
05分	アルファベット読みとフォニックス読みの練習をする	▶ a はなんて読むかな。apron の a は？ ant の a は？ 文字には2種類の読み方があるんだね
15分	基本ルール2の読み方を聞いて、発音を練習する	▶じゃあ、shop ってどう読むのかな。この場合は、1文字ずつ足しても、正しい読み方にならないんですね
20分	基本ルール3と4の読み方を予想し、規則性を1文でまとめる	▶ e は読まずに、その前の a、i、u、e、o がアルファベット読みになっているね ▶ ea で最初の文字をアルファベット読みして2文字目を読まないんだね ▶どんなルールにまとめられましたか？ 発表してください
40分	どれくらい正しく発音できるかチェックする	▶最後に30個の単語のうち、何個読めるようになっているか試してみましょう
50分		

ポイント
・フォニックスについては、41〜42頁に解説があります。
・どの学年のどの時期に行うかで、目的や時間配分が変わりますが、どの時期に行っても生徒にとっては興味深く意味のある活動にできます。
・この授業ではフォニックスのルールのなかで主なものだけを扱い、1時間配分で終わるように作っています。生徒の興味が高まるようであれば、継続して行ったり、さらに他のルールについて学ばせたりするとよいです。

● 参考文献・先行実践
松香洋子・宮清子『Active Phonics』(mpi、2011年)
● アレンジ 語彙学習 × 法則探し 基本文 × 法則探し

フォニックスを知ろう

クラス（　　　）　番号（　　　）　氏名（　　　　　　　　　　　）

1. フォニックスの基本ルール１（１文字の基本の音）

a	b	c	d	e	f	g
h	i	j	k	l	m	n
o	p	q	r	s	t	u
v	w	x	y	z		

2. フォニックスの基本ルール２（２文字の基本の音）

sh	sh**o**p	sh**i**p	sh**oe**s
ch	ch**i**ld	ch**oo**se	ch**i**me
ph	ph**o**ne	ph**o**to	ph**o**nics
wh	wh**a**le	wh**i**te	wh**ea**t

th (1)	th**i**nk	th**a**nk	th**r**ee
th (2)	th**i**s	th**a**t	th**ey**
ck	ne**ck**	ro**ck**	si**ck**
ng	so**ng**	lo**ng**	ki**ng**

3. フォニックスの基本ルール３（magic-e を知ろう）

a-e	g**a**me	c**a**pe	c**a**ke	s**a**me	m**a**ke
e-e	P**e**te	St**e**ve	**e**ve	Japan**e**se	th**e**se
i-e	w**i**ne	l**i**ke	t**i**me	b**i**ke	f**i**ve
o-e	h**o**pe	h**o**le	n**o**te	n**o**se	st**o**ne
u-e	c**u**te	**u**se	t**u**ne	J**u**ne	c**u**be

どういう規則があるだろう。なるべく簡潔に、１文で表現してみよう。

4. フォニックスの基本ルール４（礼儀正しい母音）

ai	r**ai**n	tr**ai**n	m**ai**n
ay	M**ay**	d**ay**	w**ay**
ea	**ea**t	s**ea**	t**ea**
ee	m**ee**t	w**ee**k	fr**ee**
ey	k**ey**	mon**ey**	donk**ey**

ie	t**ie**	d**ie**	l**ie**
oa	b**oa**t	c**oa**t	t**oa**st
ow	r**ow**	yell**ow**	sn**ow**
ue	bl**ue**	gl**ue**	T**ue**sday
ui	s**ui**t	fr**ui**t	j**ui**ce

どういう規則があるだろう。なるべく簡潔に、１文で表現してみよう。

5. 単語を予測して読んでみよう！

shop	this	round	jaw	stop	glue
beach	neck	town	smile	swim	flow
phone	song	coin	snack	black	slow
whale	zoo	toy	skin	play	brush
math	book	August	spoon	clock	free

4 過去形の疑問文 × ビンゴ
過去形ビンゴ

一般動詞の過去形の疑問文を使って、スピーキングとライティングを行う活動です。昨日したことを、ビンゴを使って質問し合い、その点数を競います。一般動詞の過去形の総復習になります。

準備するもの 教師：ワークシート 生徒：ノート

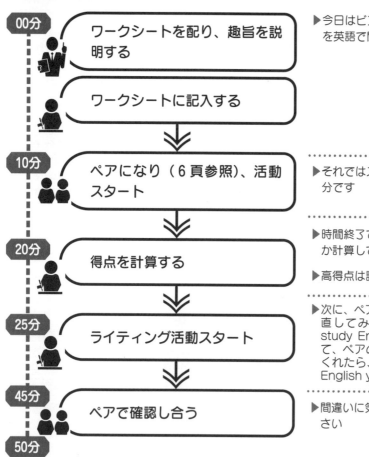

ポイント

- ワークシートを配布して、英単語を読むことが難しい生徒が多いようであれば、何度かリピートさせるなどして、全員が読めるようにしてからビンゴを始めましょう。
- 応用として、すべての質問を自分で考える「オリジナル編」（125頁参照）もあります。

●参考文献・先行実践
日臺滋之、仲圭一、山田洋『1日10分で話す力・書く力が身に付く！ 中学生のための英語表現 BINGO』（明治図書出版、2016年）

●アレンジ 語彙学習 × ビンゴ　can × ビンゴ

過去形ビンゴ［スタンダード編］

クラス（　　　）　番号（　　　）　氏名（　　　　　　　　　）

①ペアに過去形を使って、質問しよう（例：Did you study English yesterday?）
②回答が Yes, I did. なら〇、No, I didn't. なら×を（　）に書こう。
③16個の質問が終わったら、〇か×でビンゴがいくつあるか数えてみよう！

やり取りをした数　　ビンゴの数　　　　あなたの得点
〔　　　〕×1点　＋　〔　　　〕×5点　＝　【　　　　】点

5 数字の英単語 × 100DOTS
100DOTS！

教師が英語で言う数字を、生徒が聞き取って線でつなげていく活動です。生徒の数字に関するリスニング力を伸ばすことができる授業プランです。

準備するもの　教師：ワークシート2枚

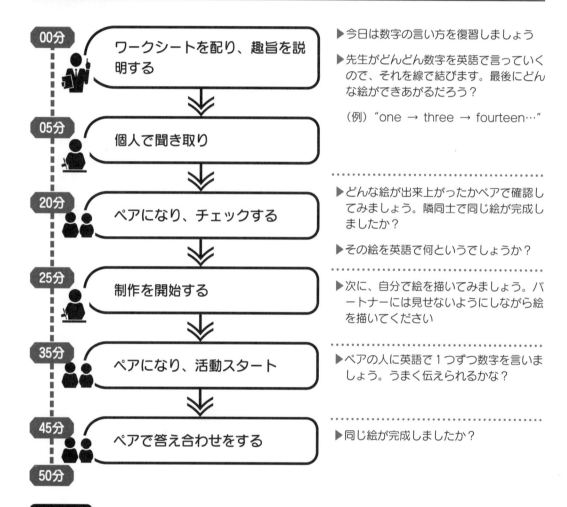

ポイント
・最初の活動に使う絵を事前に決めておく必要があります。（18、19頁参照）
・全員が聞き取れるよう、生徒の様子を見ながら、最初はゆっくり数字を読み上げるとよいでしょう。また、徐々にスピードを上げる工夫も必要でしょう。
・クラスの実態に応じて、13－30、14－40、15－50の聞き取りが難しい数字や、seven-eightなどの音の連結も意識して指導しましょう。

●アレンジ　語彙学習 × 100DOTS　　辞書 × 100DOTS

100DOTS！

クラス（　　　）　番号（　　　）　氏名（　　　　　　　　　）

先生の言った数字を聞き取って線で結ぼう！　何の絵が出来上がってくるかな？

NO. 1

1●	2●	3●	4●	5●	6●	7●	8●	9●	10●
11●	12●	13●	14●	15●	16●	17●	18●	19●	20●
21●	22●	23●	24●	25●	26●	27●	28●	29●	30●
31●	32●	33●	34●	35●	36●	37●	38●	39●	40●
41●	42●	43●	44●	45●	46●	47●	48●	49●	50●
51●	52●	53●	54●	55●	56●	57●	58●	59●	60●
61●	62●	63●	64●	65●	66●	67●	68●	69●	70●
71●	72●	73●	74●	75●	76●	77●	78●	79●	80●
81●	82●	83●	84●	85●	86●	87●	88●	89●	90●
91●	92●	93●	94●	95●	96●	97●	98●	99●	100●

No. 2

1●	2●	3●	4●	5●	6●	7●	8●	9●	10●
11●	12●	13●	14●	15●	16●	17●	18●	19●	20●
21●	22●	23●	24●	25●	26●	27●	28●	29●	30●
31●	32●	33●	34●	35●	36●	37●	38●	39●	40●
41●	42●	43●	44●	45●	46●	47●	48●	49●	50●
51●	52●	53●	54●	55●	56●	57●	58●	59●	60●
61●	62●	63●	64●	65●	66●	67●	68●	69●	70●
71●	72●	73●	74●	75●	76●	77●	78●	79●	80●
81●	82●	83●	84●	85●	86●	87●	88●	89●	90●
91●	92●	93●	94●	95●	96●	97●	98●	99●	100●

100DOTS！ [設問例①]

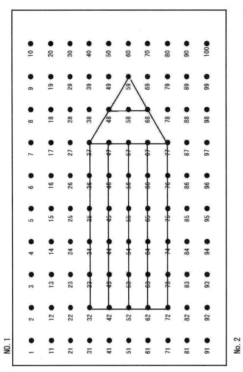
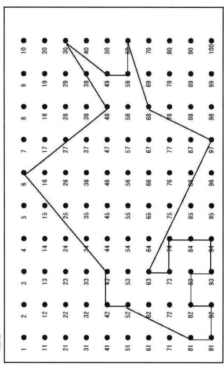
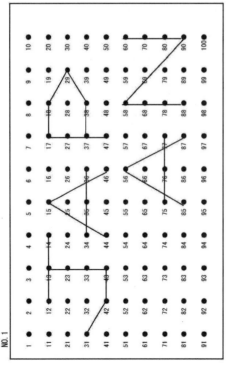
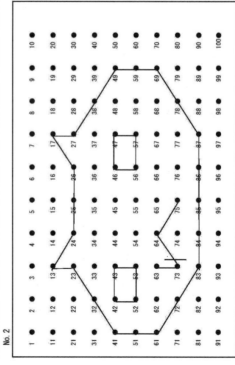

100DOTS！ ［設問例②］

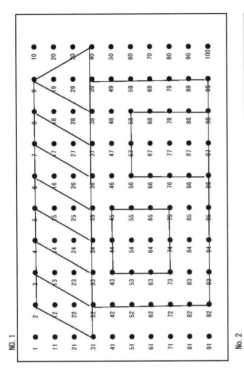

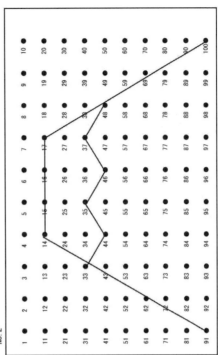

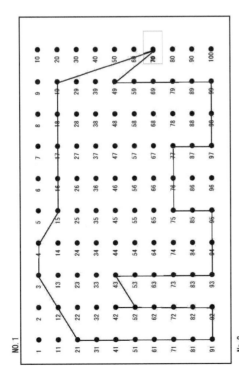

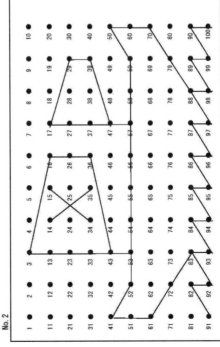

6 語彙学習 × かるた
英単語かるた

　与えられたアルファベットから始まる英単語を探し、「かるた」を作成する活動です。英単語に対する知識を増やしたり、積極的に辞書を引かせたりするのに有効です。絵を描く活動を取り入れることで、英単語をイメージで理解させます。

準備するもの 教師：ワークシート　生徒：色鉛筆、英和辞書

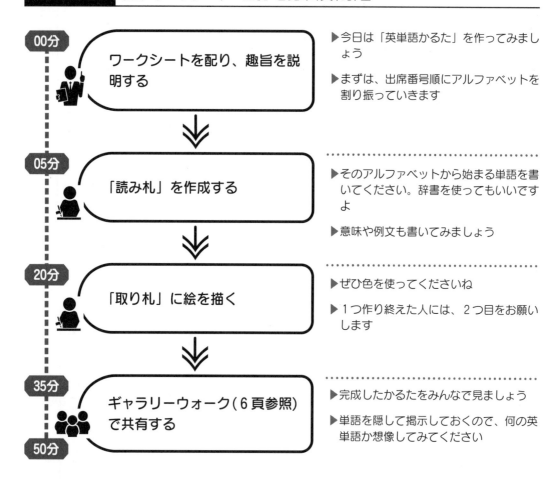

ポイント
・全員の読み札と取り札を回収し、実際に遊んでみることも可能です。
・英単語だけ、意味だけ、例文だけなど、読み方を工夫することで、難度の異なるかるたを楽しむことができます。

●参考文献・先行実践
　ラクイチ国語研究会編『中学国語ラクイチ授業プラン』（学事出版、2017年）
●アレンジ　フォニックス×かるた　関係代名詞×かるた

英単語かるた

クラス(　　) 番号(　　　) 氏名(　　　　　　　　　)

《作成の手順》
・割り当てられたアルファベットを○の中に書く。
・そのアルファベットから始まる英単語や意味、その単語を使った例文を「読み札」に書く。
・単語や例文にまつわる絵を「取り札」に描く。

〈取り札…絵を描く〉　　　　　〈読み札…英単語や例文を書く〉

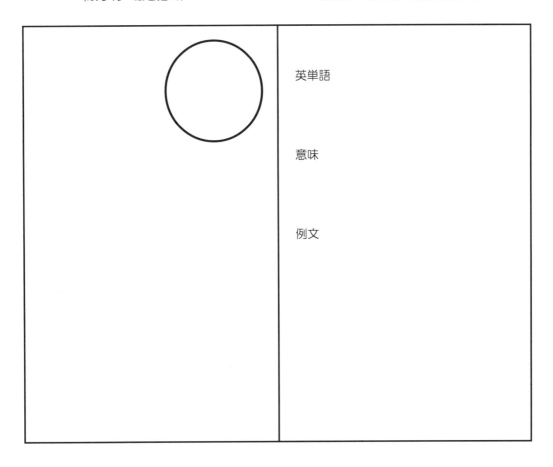

英単語

意味

例文

7 疑問詞 × 取材
密着！ クラスメートの１日取材

授業で学習した What time〜? と What do you do〜? を使って、クラスメートの１日を取材します。５Ｗ１Ｈの総復習になる上、スピーキング活動とライティング活動を１時間で同時に行うことができます。

準備するもの　教師：ワークシート

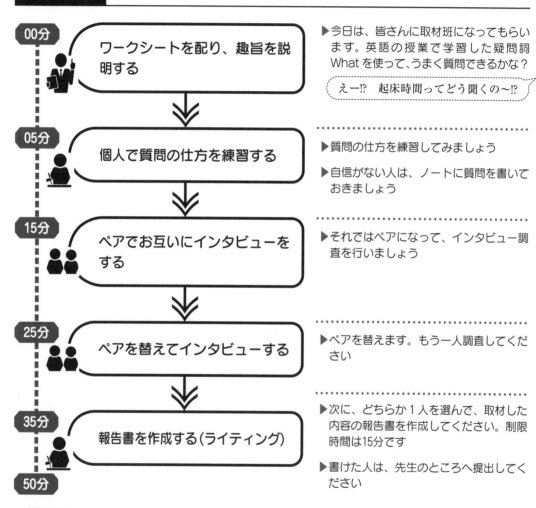

00分 ワークシートを配り、趣旨を説明する
▶今日は、皆さんに取材班になってもらいます。英語の授業で学習した疑問詞 What を使って、うまく質問できるかな？
（えー!?　起床時間ってどう聞くの〜!?）

05分 個人で質問の仕方を練習する
▶質問の仕方を練習してみましょう
▶自信がない人は、ノートに質問を書いておきましょう

15分 ペアでお互いにインタビューをする
▶それではペアになって、インタビュー調査を行いましょう

25分 ペアを替えてインタビューする
▶ペアを替えます。もう一人調査してください

35分 報告書を作成する（ライティング）
▶次に、どちらか１人を選んで、取材した内容の報告書を作成してください。制限時間は15分です
▶書けた人は、先生のところへ提出してください

50分

ポイント

・インタビューで困っている生徒には、できるようになるまで一緒に調査して、スピーキングできるように支援しましょう。
・ライティングしている間、机間指導し文法的誤りがないかチェックします。（特に三単現のＳを忘れていないか）

●アレンジ　Why-Because（To）×取材　　過去形の疑問文×取材

密着！ クラスメートの1日取材

クラス（　　　）　番号（　　　）　氏名（　　　　　　　　　　　）

Step1　インタビュー調査を通して、クラスメートの1日を取材してみましょう。得られた答えは、当てはまる時間帯に書き込んでください。

〔取材内容の例〕
起床時間、どうやって学校に来るか、昼休みにすること、好きな授業、放課後にすること、好きな○○、夕食後にすること、寝る時間、など

〔質問の仕方例〕
What time～?　What do you do～?

取材した人 （　　） さん	6:00	8:00	10:00	12:00	14:00
	16:00	18:00	20:00	22:00	24:00
取材した人 （　　） さん	6:00	8:00	10:00	12:00	14:00
	16:00	18:00	20:00	22:00	24:00

Step2　取材内容を英語で報告しよう。

◆　　　　　　さんの1日

フォニックス × タイムトライアル

8 フォニックスを練習しよう

学習したフォニックスを使って、制限時間内に単語をすべて正しい発音で読み終える活動です。簡単なフォニックスルールを知っていることで、初見の単語でも読めることを実感させることがねらいです。

準備するもの 教師：ワークシート、タイマー（できればペア数分）

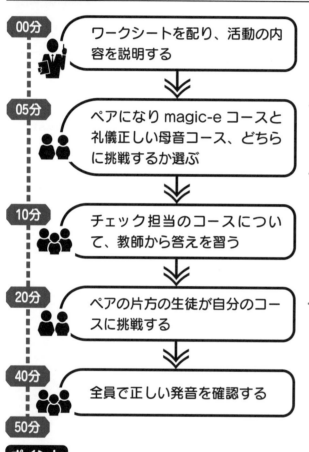

時間	活動	説明
00分	ワークシートを配り、活動の内容を説明する	▶今日は、フォニックスルールを使って、単語を読んでみます。まだ学習していない単語もありますが、magic-e と礼儀正しい母音のルールを使えば、読める単語ばかりです
05分	ペアになり magic-e コースと礼儀正しい母音コース、どちらに挑戦するか選ぶ	▶ペアで、お互いに挑戦するフォニックスルールを選びましょう
10分	チェック担当のコースについて、教師から答えを習う	＊クラスの半分を教室の外に呼び、フォニックスルールでは読めない単語の発音を教える 【magic-e】A6 service / B4 have / C8 engine 【礼儀正しい母音】A7 house / B2 mouse / C8 now
20分	ペアの片方の生徒が自分のコースに挑戦する	▶制限時間は〇秒です ▶Cコースの最後まで時間内に合格できたら挑戦者を交代してください
40分	全員で正しい発音を確認する	
50分		

ポイント

- フォニックスについては、41〜42頁に解説があります。
- 最後に教師が一人ひとり発音をチェックしてあげると、より効果的です。
- 制限時間はクラスの実態に応じて設定します。フォニックスのルールを使えば読める単語ばかりなので、生徒を励ましながら、何度もチャレンジさせてください。
- magic-e（単語の最後が e の場合、前の母音をローマ字読みすること）と礼儀正しい母音（母音が連続している場合、前の母音をローマ字読みすること）を説明してから活動に入ります。
- どちらも合格できたペアには、他の生徒の教師役になって教えたり、英単語の意味を調べたりする活動も効果的です。

●アレンジ　辞書 × タイムトライアル　音読 × タイムトライアル

フォニックスを練習しよう

クラス（　　　）　番号（　　　）　氏名（　　　　　　　　　）

・ペアになって「magic-e コース」「礼儀正しい母音コース」のどちらかを選びましょう。
・最初に magic-e を選んだ生徒が挑戦者です。ペアの人は正しく読めているかチェックしてください。コースすべての単語を時間内に正しく発音できたら交代します。
・それぞれ 10 個の単語のうち、<u>1 つだけルールでは読めない例外単語があります。</u>ひっかからないように注意しましょう。（発音チェック担当の生徒にだけ正しい読み方を教えます）

1.magic-e（母音 a i u e o はローマ字読みだよ！）　　　<u>目標タイム　　　秒！</u>

	A コース	B コース	C コース
1	Mike	cape	Steve
2	nose	like	cake
3	bike	wine	mine
4	same	have	site
5	hole	hope	wave
6	service	cube	cite
7	five	game	nine
8	time	fine	engine
9	use	Pete	pine
10	dine	bite	mate

2.礼儀正しい母音（連続する母音の１つ目をローマ字読みだよ！）<u>目標タイム　　　秒！</u>

	A コース	B コース	C コース
1	rain	train	main
2	May	mouse	way
3	eat	sea	tea
4	meet	week	free
5	key	money	donkey
6	tie	die	lie
7	house	coat	toast
8	row	yellow	now
9	green	see	deep
10	beach	read	team

9 三単現 × インタビュー
友達のことを知ろう

　三人称単数現在を使ってインタビューをする活動です。ペアを組み、その友達についての情報を収集し、その情報をもとに、クイズを作ります。クイズを楽しみながら、三人称単数現在の練習ができます。

| 準備するもの | 教師:ワークシート |

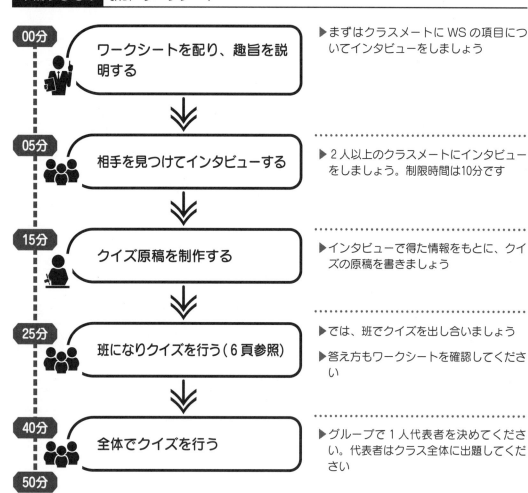

- 00分　ワークシートを配り、趣旨を説明する
  - ▶まずはクラスメートにWSの項目についてインタビューをしましょう
- 05分　相手を見つけてインタビューする
  - ▶2人以上のクラスメートにインタビューをしましょう。制限時間は10分です
- 15分　クイズ原稿を制作する
  - ▶インタビューで得た情報をもとに、クイズの原稿を書きましょう
- 25分　班になりクイズを行う(6頁参照)
  - ▶では、班でクイズを出し合いましょう
  - ▶答え方もワークシートを確認してください
- 40分　全体でクイズを行う
  - ▶グループで1人代表者を決めてください。代表者はクラス全体に出題してください
- 50分

ポイント

・クイズ原稿を制作するときはペアで一般動詞の形のチェックをさせるとよいでしょう。
・クイズ原稿を作る際、教師は机間巡視し、一般動詞の形やそれ以外の表現についてもフィードバックを与えるとよいです。
・事前調査を授業外で行い、先生クイズなどにしても盛り上がります。

●アレンジ　後置修飾 × インタビュー　比較表現 × インタビュー

友達のことを知ろう

クラス（　　）　番号（　　　）　氏名（　　　　　　　　　）

Step 1　事前調査をしよう。

（例）What's your favorite food?　What do you do in your free time?
　　　What sport do you play?　Do you have special information?

友達の名前	好きな食べ物	趣味・特技	するスポーツ 演奏する楽器	特別な情報
例）Hide	natto	games	soccer	from Brazil

Step 2　クイズの原稿を作ろう。

（例）This is my friend.　He likes video games.　*1 <u>He likes natto.</u>
　　　He plays soccer *2 <u>after school every day</u>.　He is from Brazil.

　*1　伝える情報の順番は変えてもよい。　　*2　上の調査の情報に付け加えて書いてもよい。

_____

_____

_____

_____

Step 3　クイズを出題！

ポイント①大きな声で、キーワードとなる情報をはっきりと伝えよう。
ポイント②１文ずつ伝え、その都度、Who is this?と出題しよう。
ポイント③答える人は、Is that ○○？と聞く。合っていたら That's right!
違っていたら、I'm sorry!（残念！）／No, it's not!　と言って続けよう。

10 疑問詞＋can × 都道府県クイズ
これはどこの都道府県？

1年生で学習する〔疑問詞＋can〕の疑問文を楽しく都道府県クイズで学習する活動です。クイズでたくさんの例文に触れたあとに、自分で疑問詞＋can の形式を使って問題を作ることで、自然と形式が定着します。

準備するもの 教師：ワークシート 生徒：地理の教科書や地図帳など（あれば）

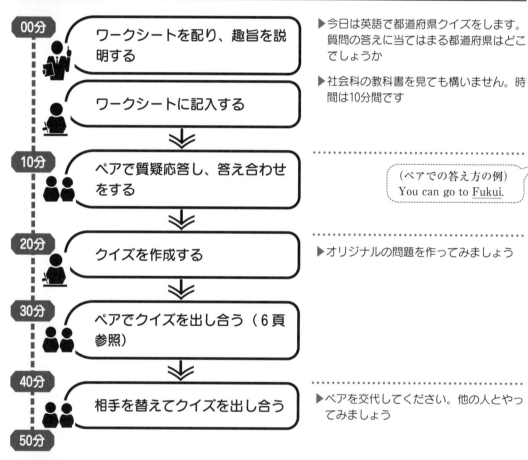

時間	活動	声かけ
00分	ワークシートを配り、趣旨を説明する	▶今日は英語で都道府県クイズをします。質問の答えに当てはまる都道府県はどこでしょうか
	ワークシートに記入する	▶社会科の教科書を見ても構いません。時間は10分間です
10分	ペアで質疑応答し、答え合わせをする	（ペアでの答え方の例）You can go to Fukui.
20分	クイズを作成する	▶オリジナルの問題を作ってみましょう
30分	ペアでクイズを出し合う（6頁参照）	
40分	相手を替えてクイズを出し合う	▶ペアを交代してください。他の人とやってみましょう
50分		

ポイント
・ペア活動の前に教師と生徒で英語でのやり取り（インタラクション）をするとペア活動の内容が生徒にイメージしやすくなります。
　例）T：Where can I eat Echizen crab?　　S：You can go to Fukui.
・地理の教科書や、旅行パンフレット、地図帳なども用意しておくと、答えを見つけたり、オリジナル問題を作りやすくなるでしょう。
【Answers】
1.Fukui 2.Hiroshima 3.Okinawa 4.Shizuoka/Yamanashi 5.Nara 6.Tottori 7.Osaka 8. Kyoto 9. Chiba 10. Mie 11. Kumamoto/Nagano 12. Ehime 13. Shiga 14. Kagoshima 15.Aomori 16.Kagawa 17.Aichi 18.Tokyo 19.Yamagata 20.Akita

●アレンジ 比較表現 × 都道府県クイズ　There is（are）… × 都道府県クイズ

これはどこの都道府県？

クラス（　　　）　番号（　　　）　氏名（　　　　　　　　　　）

	クイズ	都道府県名
1	Where can I eat Echizen crab?　※crab カニ	
2	Where can I see the Atomic Bomb Dome?	
3	Where can I swim in the sea in March?	
4	Where can I climb Mt. Fuji?	
5	Where can I see a Big Buddha?	
6	Where can I ride a camel?	
7	Where can I eat good *takoyaki*?	
8	Where can I see *Nijojo*?	
9	Where can I meet Mickey Mouse?	
10	Where can I eat *Akafuku*?	
11	Where can I eat *basashi*?	
12	Where can I drink *POM* Juice?	
13	Where can I see the biggest lake in Japan?　※biggest＝最大の	
14	Where can I see the oldest tree?　※oldest＝最古の	
15	Where can I enjoy *Nebuta* Festival?	
16	Where can I eat good *udon*?	
17	Where can I see gold *shachihoko*?	
18	Where can I see the highest building?　※highest＝最も高い	
19	Where can I eat good cherries?	
20	Where can I eat *kiritampo*?	

オリジナルクイズを作ってみよう！

1.

_____

2.

_____

11 三単現 × 紹介文
私の友達紹介します！

　三人称単数現在形の〈s〉の練習をする活動です。例示されている2人の容姿や情報を英語にする活動で練習をし、最終的にはクラスメートや先生の情報を英語にしてそれが誰かを当てるゲームを行います。

準備するもの　教師：ワークシート

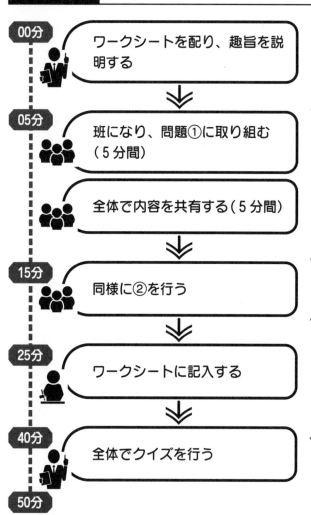

時間	活動	指示
00分	ワークシートを配り、趣旨を説明する	▶WSに描かれている2人の容姿や情報をもとに、紹介文を作成しましょう
05分	班になり、問題①に取り組む（5分間）	▶人物①を見てください。その人の絵や情報から可能な限りたくさん文を作成します。時間は5分間です
	全体で内容を共有する（5分間）	▶では、書いた紹介文の数を数えましょう。一番少ないグループから発表してもらいます
15分	同様に②を行う	▶それでは、次に人物②に移りましょう（以下同様）
25分	ワークシートに記入する	▶次に、自分の周りの人々（友達や先生など）の紹介文を書きましょう。できるだけたくさんの情報を書いてみましょう （芸能人でもいいですか！?） ▶いいですよ
40分	全体でクイズを行う	▶それでは、いまからみなさんが書いた紹介文を読み上げます。誰のことかわかったら挙手しましょう
50分		

ポイント
・グループ対抗でたくさん文を作ることで、生徒は意欲的に活動します。
・グループ活動で、必要な表現方法をしっかりと確認ができると、その後の個人活動（周りの人の紹介文）はスムーズに行うことができます。

●アレンジ　後置修飾 × 紹介文　比較表現 × 紹介文

私の友達紹介します！

クラス（　　　）　番号（　　　）　氏名（　　　　　　　　）

人物①

- 大阪出身
- サッカーが好き
- 毎日練習している
- 新しいボールが欲しい
- 12歳

人物②

- 京都出身
- ケーキが好き
- スポーツは好きではない
- 誕生日は1月18日
- 兄が一人いる
- 15歳

自分の周りの人々（友達・先生など）の紹介文を書いてみましょう。

12 自己紹介 × ブレインストーミング
I-Map で自己紹介

「I-Map」("I" を中心に背景知識を活性化させるマップ)を使って行う自己紹介活動です。ライティングやスピーキングの力をつけることができます。使える語彙表現は限られているものの、「英語で自分のことを伝えるって楽しい！」と思える活動です。

準備するもの 教師：ワークシート　生徒：ノート、和英辞典（あれば）

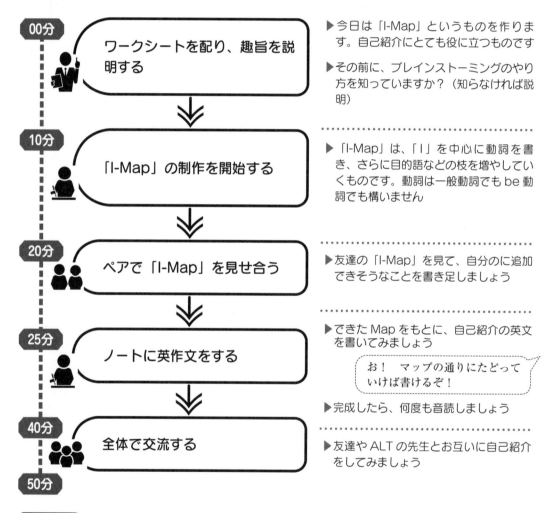

ポイント
・マップの広がりが、自然と語順を意識させることにつながります。
・話題（例：趣味、部活動、家族など）ごとにマップの内容を固めていくと、スピーキング活動がより面白くなります。

●アレンジ　英語詩 × ブレインストーミング　語彙学習 × ブレインストーミング

I-Map で自己紹介

クラス(　　) 番号(　　) 氏名(　　　　　　)

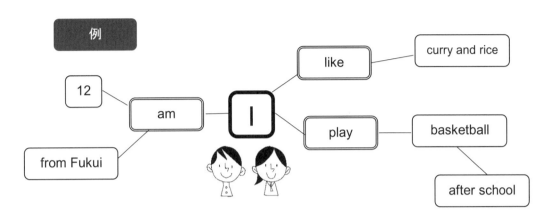

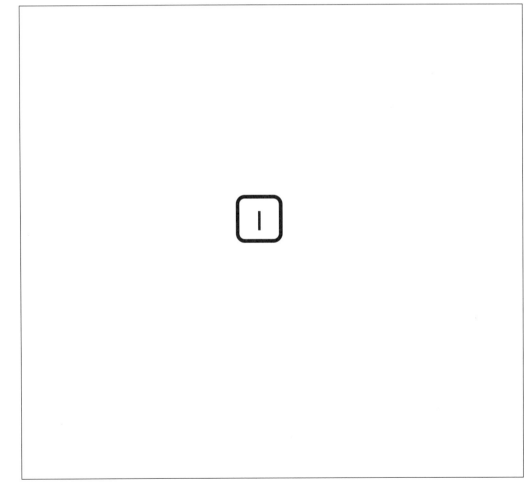

13 Can × 質問ゲーム
この熟語、読める？

日本人といえども、読むのに手こずる難しい漢字は山ほどあります。そのような難読漢字を活用して、Can you read this kanji? と尋ねながら、漢字クイズに挑戦する活動です。また、自分でクイズを作成し、出題します。自分の出題する漢字から連想される英単語や英文をヒントとして提供することで、語彙指導や辞書指導につながります。

準備するもの 教師：ワークシート　生徒：和英辞典、国語辞典

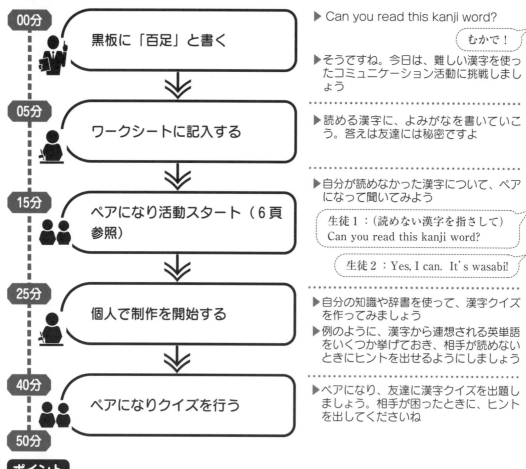

時間	活動	指示・発話例
00分	黒板に「百足」と書く	▶ Can you read this kanji word? （むかで！） ▶ そうですね。今日は、難しい漢字を使ったコミュニケーション活動に挑戦しましょう
05分	ワークシートに記入する	▶ 読める漢字に、よみがなを書いていこう。答えは友達には秘密ですよ
15分	ペアになり活動スタート（6頁参照）	▶ 自分が読めなかった漢字について、ペアになって聞いてみよう 生徒1：（読めない漢字を指さして）Can you read this kanji word? 生徒2：Yes, I can. It's wasabi!
25分	個人で制作を開始する	▶ 自分の知識や辞書を使って、漢字クイズを作ってみましょう ▶ 例のように、漢字から連想される英単語をいくつか挙げておき、相手が読めないときにヒントを出せるようにしましょう
40分	ペアになりクイズを行う	▶ ペアになり、友達に漢字クイズを出題しましょう。相手が困ったときに、ヒントを出してくださいね
50分		

ポイント
- 漢字に注目しすぎると、日本語の学習になってしまいますので、クイズ作成のところでヒントとなる英単語を列挙させ、英語でのやりとりになるようにモデルを見せましょう。
- 動物や植物、海の生物などのカテゴリを指定するとおもしろいですね。

●ワークシートの答え
1 つくし　2 わさび　3 たんぽぽ　4 コアラ　5 あじさい
6 いちょう　7 アスパラガス　8 かたつむり　9 とうもろこし

●アレンジ　ことわざ×質問ゲーム　比較表現×質問ゲーム

この熟語、読める？

クラス（　　）　番号（　　）　氏名（　　　　　　　）

Step 1　次の漢字のよみがなを書きましょう。

1 土筆	2 山葵	3 蒲公英
よみがな	よみがな	よみがな
4 子守熊	5 紫陽花	6 銀杏
よみがな	よみがな	よみがな
7 竜髭菜	8 蝸牛	9 玉蜀黍
よみがな	よみがな	よみがな

Step 2　読めなかった漢字の読み方を友達に聞いてみよう。

〔聞き方〕　_____　_____　read this kanji word?

〔答え方〕　Yes, I can.　It's ○○○.

No, I can't.　Can you give me a hint?

Step 3　国語辞典や和英辞典を参考に、読みの難しい漢字クイズを作ろう。

	漢字	よみがな	ヒント（英語で）
例	土筆	つくし	plant、spring、Japan、popular、cute
①			
②			

14 わたしの English Name

Are you ~? × プロフィール帳

「Are you～?」の表現を使って、クラスメートと名前を尋ね合う活動です。何度も使うことで、「Are you～?」の疑問文と答え方の練習になります。海外、特にアジア系の人々は本当の名前と別に English Name をもつ人もいます。そこで、今日は自分の English Name を設定し、ネイティブスピーカー気分で活動しましょう。

準備するもの 教師：ワークシート、English Name のリスト（126頁参照）

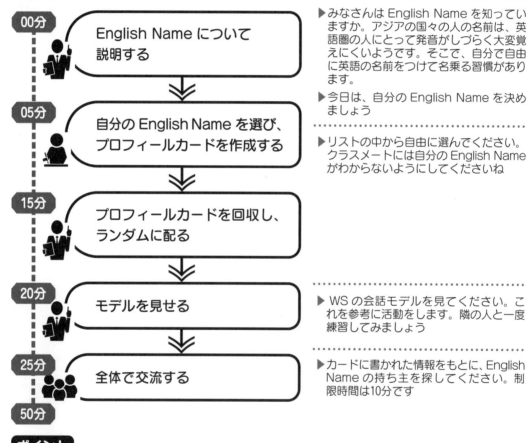

時間	活動	指示
00分	English Name について説明する	▶みなさんは English Name を知っていますか。アジアの国々の人の名前は、英語圏の人にとって発音がしづらく大変覚えにくいようです。そこで、自分で自由に英語の名前をつけて名乗る習慣があります。 ▶今日は、自分の English Name を決めましょう
05分	自分の English Name を選び、プロフィールカードを作成する	▶リストの中から自由に選んでください。クラスメートには自分の English Name がわからないようにしてくださいね
15分	プロフィールカードを回収し、ランダムに配る	
20分	モデルを見せる	▶WS の会話モデルを見てください。これを参考に活動をします。隣の人と一度練習してみましょう
25分	全体で交流する	▶カードに書かれた情報をもとに、English Name の持ち主を探してください。制限時間は10分です
50分		

ポイント

- 126頁に主な English Name のリストがあります。40名分載っています。
- 自己紹介のモデルも見せておくと、活動が円滑に進むでしょう。
- 全体交流では、時間によってカードを再回収し、2回目、3回目と活動させましょう。
- 名前と男女の区別、時代ごとに多い名前などの情報を教えてあげるのもよい学習になります。

●**参考資料** English name のリスト
「The Meaning of English Names」(http://www.world-english.org/baby_names.htm)
「Most Popular Baby Names of 2017」(https://www.babycenter.com/top-baby-names-2017.htm)

●**アレンジ** 自己紹介 × プロフィール帳 英作文 × プロフィール帳

わたしの English Name

クラス（　　　）　番号（　　　　）　氏名（　　　　　　　　　　）

①リストの中から自分が名乗りたい English Name を選びましょう。

②プロフィールカードを作成しましょう。完成したら先生に提出します。
　（先生が、集まったカードをシャッフルし、配りなおします）

③受け取ったプロフィールカードを見て、それが誰なのかを予想します。

④「会話のモデル」を参考にして、予想した人に話しかけましょう。
　うまく English Name の持ち主を探すことができるでしょうか。

＜会話のモデル＞

A: Excuse me. Are you _____ ?

B: Yes, I am.　I'm _____.
　Are you _____?

B: No, I'm not. I'm _____.
　Are you _____?

Thank you! Nice to meet you.

Profile Card

English Name	

Hint 1：My Birth Day _____

Hint 2：Sports / Subjects / Music _____

Hint3：My Favorite _____

15 語彙学習 × クロスワードパズル
英単語クロスワードパズル

これまでに習った語彙や文法をクロスワードで楽しく復習する活動です。英文を読んで穴埋めする問題や、日本語から英単語を考える問題、単語の説明文が英語で書かれている問題など様々あるので、語彙、文法、読解の練習にも使えます。

| 準備するもの | 教師：ワークシート2枚　生徒：教科書（辞書） |

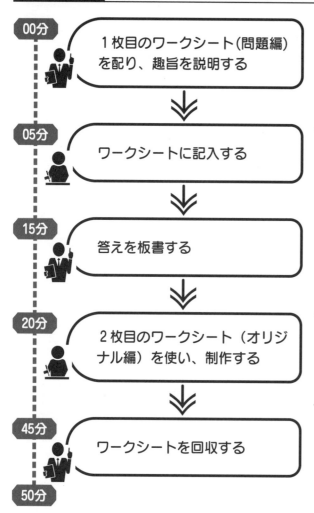

【Answers】
Across　5 When　6 What
7 afternoon　8 homework　9 goes
Down　1 breakfast　2 time
3 When　4 evening　5 watches
6 washes

ポイント

・生徒の様子を見て、難しそうであればペアやグループで取り組ませてもいいでしょう。または、単語の頭文字を示してヒントを与えても OK です。
・生徒の作品をコピーして、次時に配布してやらせてみると盛り上がります。

●アレンジ　数学の英単語 × クロスワードパズル　辞書 × クロスワードパズル

英単語クロスワードパズル［ベーシック編］

クラス（　　　）　番号（　　　）　氏名（　　　　　　　　）

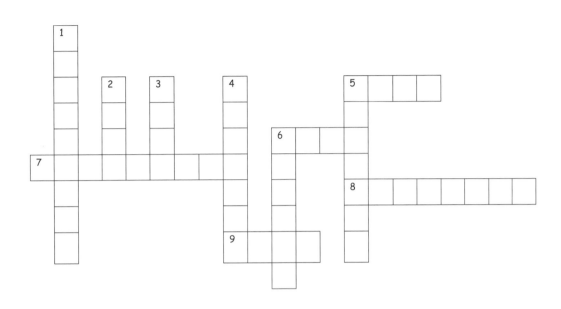

Across →

5 (　　　　) is your birthday?　　It's January 18th.

6 (　　　　) time is it? It's one o'clock.

7 It is the time after 12 o'clock.

8 「宿題」という意味の英単語

9 My uncle usually (　　　　　) to work by car.

Down ↓

1 We usually eat it in the morning.

2 What (　　　　) do you have lunch?

3 (　　　　　) do you usually have dinner?

4 「夜」や「夕方」という意味の英単語

5 Tom (　　　　　) TV with his sister at night.

6 Peter (　　　　　) his face every morning before breakfast.

英単語クロスワードパズル［オリジナル編］

クラス（　　　）　番号（　　　）　氏名（　　　　　　　）

オリジナルクロスワードパズルを作ろう！

Across→

2 「家族」という意味の英単語

Down↓

1 Mary enjoys Japanese way of (　　　). ※ヒント：Lから始まる単語

補足資料 # フォニックスルールの指導法

　このページでは、「No.3 フォニックスを知ろう」「No.8 フォニックスを練習しよう」の補足説明として、フォニックスを英語の授業でどう教えるか、何を扱うべきかについて紹介します。

(文責：江澤隆輔)

1. 子音

```
b c d f g h j k l m n
p q r s t v w x y z
```

　まずは、子音を導入します。授業では、「アルファベットは単語のなかに入ると、一つひとつに『仕事』があるんだよ」、と伝えています。また、学習初期段階にフォニックスを指導する場合は、学習負担を考慮して「1つの子音に1つの仕事」と伝えて、母音（aiueo）以外のアルファベット、すなわち子音の発音をまずは定着させます。

　特に、bやpなどの「破裂音」やkやsなどの「無声音」は口頭で何度も練習させ、時間的に余裕があれば生徒と教師の1対1で、一人ひとりが正しく発音できているかチェックするとよいでしょう。

2. 母音

```
a i u e o
```

　母音の5つ（aiueo）も並行して学習させます。特に定着率が低い「u」は何度も練習し、「ユー」にならないように指導する必要があります。母音に関してはいくつかの読み方がありますが、学習初期段階は1つの母音に対して1つの音を指導します。その他の発音に関しては、3年間でスパイラルに何度も復習しながら指導する視点をもちます。

3. 二重子音

```
sh th ts ph wr wh ck ch
など
```

　二重子音と呼ばれる「sh」や「ch」などの組み合わせも指導します。「二重子音」という言葉自体が難しいようであれば、「組み合わせ文字」などとしてもよいでしょう。

　学習者にしてみれば、いままでは別々の「仕事」をしていた2つのアルファベットが、特定の組み合わせになった途端にまったく違う音になるので、定着が低いのも無理はないでしょう。

　さらに二重子音を定着させる上で障害となるのが、「ch」に代表される2つ以上の「仕事」をもつものです。「ch」は「チッ」「クッ」「シッ」と発音されるので、指導に注意が必要です。また、「gh」のように、単語の最初にある場合と最後にある場合で発音が異なるものもあります。複雑ですが、これらを乗り越えれば、初見で読める単語はかなり増えます。ですから、二重子音に関しては複数の読み方を指導し、フォニックスカルタ（後出）を活用したり、未習の単語を教師が発音して書き取らせるなどして定着を促します。

4．二重母音

> oo ie ea oa ee ai
> など

次は、「ea」や「ie」などの二重母音です。これに関しても、学習者の負担を考え「1文字目をアルファベット読みするよ」という説明にとどめて、習得を促す練習をたくさん行います。

5．マジック e

最後はマジック（サイレント）eです。「単語の最後がeの場合、その前の母音をアルファベット読みする場合が多い」と例を示しながら説明します。このルールは、理解さえすれば読める単語が劇的に増えます。さらに、「cut と cute」など、マジック（サイレント）eがつくことで発音が全く変わる例も提示できると、より生徒の学習につながるでしょう。

6．フォニックスのススメ

フォニックスにはルールにあてはまらない例外もあります。しかし、フォニックス学習の目標は、中学校で出てくるすべての単語を初見で読めるようになることではなく、上記に代表されるような代表的なフォニックスルールを覚え、「できるだけたくさんの単語を初見で読めるようになること」です。基本的なルールを覚えれば、後の単語学習の負担を圧倒的に軽くすることができます。みなさんも指導にとり入れてみてはいかがでしょうか。

【参考サイト】
「英語学習のスタートダッシュを！『フォニックス』で単語学習の負担を大幅に減らそう！」（「明治図書教育 zine 明日の教育を創る人のウェブマガジン」）http://www.meijitosho.co.jp/eduzine/opinion/?id=20170310

【参考写真】
〈著者自作のフォニックスカルタ。子音と母音で色分けしてあります〉

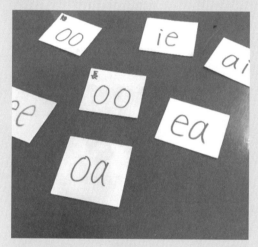

2章 2年生

16 can × PR 町のPR大使

　助動詞の can などを使って、好きな町（市、県）の魅力を紹介するライティングとスピーキングの活動です。同時に、場所や時を表す表現を復習し、語順を意識して文を作れるようになります。

| 準備するもの | 教師：ワークシート　生徒：和英辞書（あれば） |

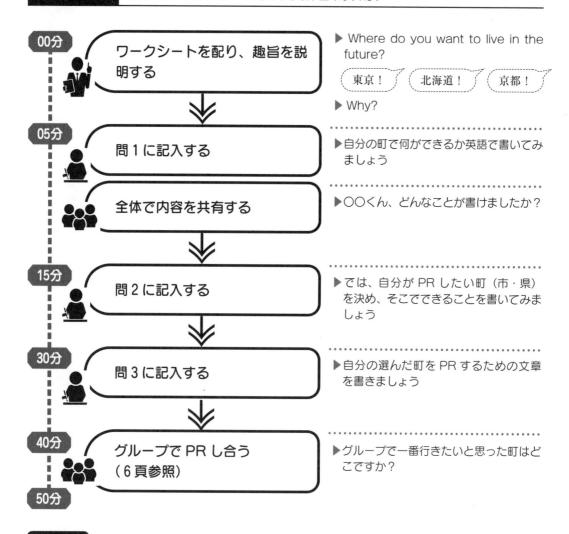

ポイント
・語順を意識させながら文章を書くことで、文法の練習にもなります。
・良い作文を最後にクラスで発表させたり、次の授業で示すのも効果的です。

●アレンジ　自己紹介 × PR　　助動詞 × PR

町のPR大使

クラス（　　）　番号（　　）　氏名（　　　　　　）

1. Think about good points of our city. What can we do 【in our city】?

だれが	何を	どこで	いつ
(例) We can	swim	in Mikuni	in summer
1			
2			
3			
4			
5			

2. Now, let's think about what we can do 【 in　　　　　】?

（例：Tokyo、 Osaka、 Nagoya、 Kyoto、 USA）

だれが	どうする（＋何を）	どこで	いつ
(例) We can	meet many people		
1			
2			
3			
4			
5			

3. Let's write English to appeal your town.

I want to appeal _____ town.
We can

17 want to × プランニング
My Life Plan

この先やってみたいことや興味のあることを思いつくままに箇条書きにしていく活動です。人生設計を考えさせながら、want to の練習をすることができます。

準備するもの 教師：ワークシート

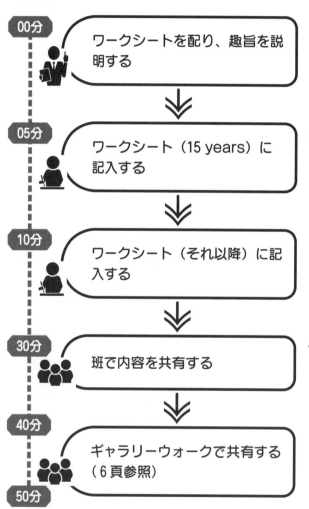

00分 ワークシートを配り、趣旨を説明する
- ▶今日は、英語で人生設計をしてみましょう
- ▶まず、15歳になったらしたいことから。中学校最後の年、もしくは高校が始まる年に何をしたいかな

（例）修学旅行で〜したい、〜に行きたい。
I want to … on my school trip.
I want to go to ….

05分 ワークシート（15 years）に記入する
- ▶つきたい職業はもちろん、「旅行で〜に行きたい」「(誰と、どこで) 〜したい」などでもいいですよ
- ▶20歳以降の年齢は自分で考えて入れてください

10分 ワークシート（それ以降）に記入する
- ▶仕事や結婚などの人生に関わることでもよいですし、何かでギネスブックにのりたい、遊園地の隠れキャラクターを全部見つけたいなどでも面白いですね
- ▶それぞれの年齢でのやりたいことについて、右の枠に絵も描いてください

30分 班で内容を共有する
- ▶作った人生設計を、グループで発表し合いましょう
- ▶グループのメンバーは、その理由などについて質問ができるといいですね

40分 ギャラリーウォークで共有する（6頁参照）

50分

ポイント

- 大人になり、保険会社の人と話すような人生設計をワークシートにしてみました。金銭的な生々しい話ではなく、よりよい幸せな人生を考えるきっかけにできるといいですね。
- 教師が、人生設計のモデルをスピーチで示すことができるとスムーズだと思います。

●アレンジ　自己紹介 × プランニング　to 不定詞 × プランニング

My Life Plan

クラス（　　　）　番号（　　　）　氏名（　　　　　　　　　　）

When I become 15 years old, I want to _____
_____
_____
_____

When I become 18 years old, I want to _____
_____
_____
_____

When I become 20 years old, I want to _____
_____
_____
_____

When I become _____ years old, I want to _____
_____
_____
_____

When I become _____ years old, I want to _____
_____
_____
_____

When I become _____ years old, I want to _____
_____
_____
_____

When I become _____ years old, I want to _____
_____
_____
_____

＊時間があれば、それぞれの時期にしたい詳しい内容を付け足したり、イラストで表現したりしましょう。

18 過去形 × 回し読み
これは誰の日記？

過去形を使って日記を書く活動と、それを回し読みする活動です。過去形を書いたり読んだりすることでその使い方を定着させることができます。

準備するもの　教師：ワークシート

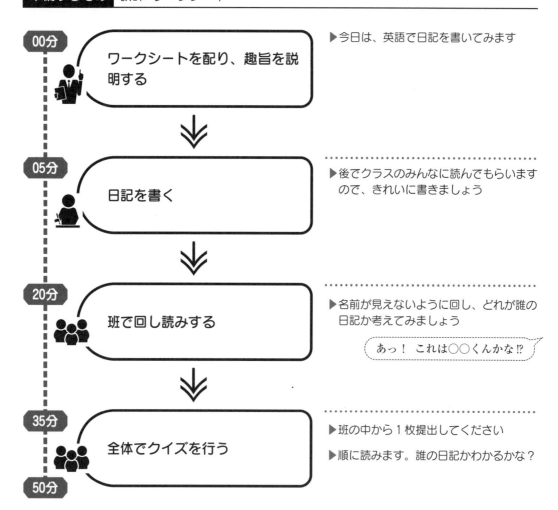

時間	活動	指示・声かけ
00分	ワークシートを配り、趣旨を説明する	▶今日は、英語で日記を書いてみます
05分	日記を書く	▶後でクラスのみんなに読んでもらいますので、きれいに書きましょう
20分	班で回し読みする	▶名前が見えないように回し、どれが誰の日記か考えてみましょう （あっ！ これは○○くんかな!?）
35分	全体でクイズを行う	▶班の中から1枚提出してください ▶順に読みます。誰の日記かわかるかな？
50分		

ポイント

・どこへ行ったか、何をしたか（見た、買ったなど）、その感想などを書けばよいことなどをアドバイスするとよいでしょう。
・日記が書けない生徒には、和英辞書などを用意したり、ペアでのみ相談してもよいことにしたりするとよいでしょう。

●アレンジ　英作文 × 回し読み　　疑問詞 × 回し読み

これは誰の日記？

　　　　クラス（　　）　番号（　　）　氏名（　　　　　　　）

.... Mountain Fold Here ....

この前の土・日曜日のどちらかの日記を５文以上で書いてみよう。

　　　　　　　　Date: ....

_____
_____
_____
_____
_____
_____
_____
_____

| イラスト |
| |
| |
| |
| |
| |

19 　Why - Because(To) × ペアチャット
Why に何回答えられるかな？

　Why を使ってチャットをできるだけ長く続けようとするスピーキング活動です。理由を考えるのが苦手な生徒たちに、Why を使った言葉遊びを通して、チャットを楽しみながら、Because や To を使った答え方を考える力をつけます。

準備するもの　教師：ワークシート

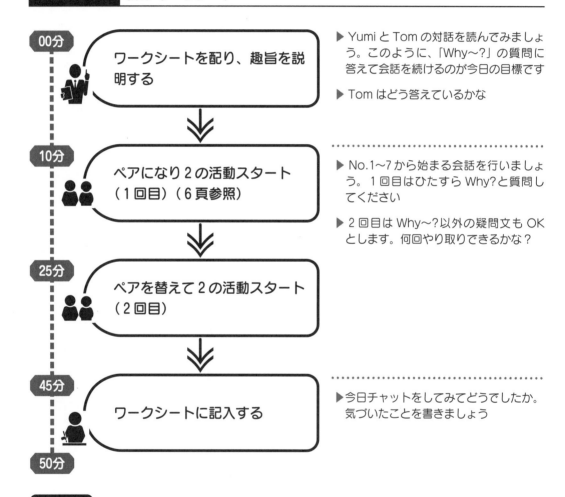

00分 ワークシートを配り、趣旨を説明する
- ▶ Yumi と Tom の対話を読んでみましょう。このように、「Why～?」の質問に答えて会話を続けるのが今日の目標です
- ▶ Tom はどう答えているかな

10分 ペアになり2の活動スタート（1回目）（6頁参照）
- ▶ No.1～7 から始まる会話を行いましょう。1回目はひたすら Why? と質問してください
- ▶ 2回目は Why～? 以外の疑問文も OK とします。何回やり取りできるかな？

25分 ペアを替えて2の活動スタート（2回目）

45分 ワークシートに記入する
- ▶ 今日チャットをしてみてどうでしたか。気づいたことを書きましょう

50分

ポイント
・活動の途中で、全体の前で1ペアを指名し、良かった点や効果的な質問を取り上げ、ワークシートに書かせるとよいです。
・また、役に立つと思う表現はワークシートにメモをさせ、授業の後半になるにつれ会話が続くようアドバイスを行うと効果的です。

●アレンジ　疑問詞 × ペアチャット　　want to × ペアチャット

Why に何回答えられるかな？

クラス（　　）　番号（　　）　氏名（　　　　　　　）

1. 以下の対話を読んでみよう。

Yumi:	What's your favorite sport?
Tom:	My favorite sport is soccer.
Yumi:	Why?
Tom:	Because it's fun to play and watch.
Yumi:	Why is it fun?
Tom:	Because eleven players in each team play, and the game is exciting.
Yumi:	Why is it exciting?
Tom:	Because the dribble, the pass, and the shoot are really wonderful. My favorite team is F.C. Barcelona. The team is great.
Yumi:	Why?
Tom:	Because the uniform is cool. The uniform has blue and red. Also the players are cool. I like Messi. His plays are very cool.
Yumi:	Why do you like Messi?
Tom:	Because he is one of the best players in the world. He gets many goals every year.
Yumi:	Why?
Tom:	Because he can dribble so quickly. And the shoot is so fast…

2. 対話にチャレンジしよう！（1回目は Why～？で始まる質問のみ）

No.	最初の質問	答えられた質問の数	
		Why～？の質問	Why～？以外も OK
1	What's your favorite sport?	1回目　　　回	2回目　　　回
2	What do you want to do next Sunday?	1回目　　　回	2回目　　　回
3	Where do you want to go in the world?	1回目　　　回	2回目　　　回
4	Who's your favorite singer or group?	1回目　　　回	2回目　　　回
5	What's your favorite season?	1回目　　　回	2回目　　　回
6	Where do you want to live in the future?	1回目　　　回	2回目　　　回
7	What did you do last Sunday?	1回目　　　回	2回目　　　回

3. 会話を続けるために便利な質問

4. 今日の授業で学んだこと・気づいたこと

20 助動詞 × 紹介文
これが私の理想の学校

　これまで習ってきた表現を使って、ライティングを行う活動です。自分の考えた理想の学校について紹介文を書き、班やクラスで投票し、票を競います。1年生で行う場合には、canの復習に、2年生で行う場合には、There is（are）…、must（have to）などの助動詞が使えます。

準備するもの　教師：ワークシート

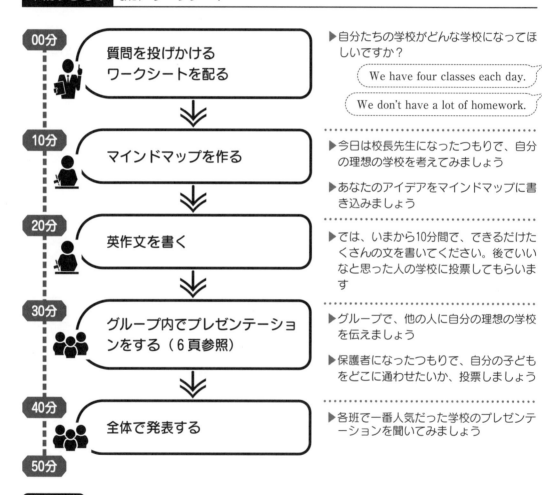

ポイント

・子どもの視点で書かせると、授業や宿題がないといった意見が多くなりがちなため、「校長先生になったつもりで」という設定にしました。
・個別に書かせてもよいですが、実態に応じて、ペアやグループで作文を行う方法も考えられます。

●アレンジ　can ×紹介文　　There is（are）… ×紹介文

これが私の理想の学校

クラス（　　　）　番号（　　　）　氏名（　　　　　　　　　）

理想の学校を考えよう！

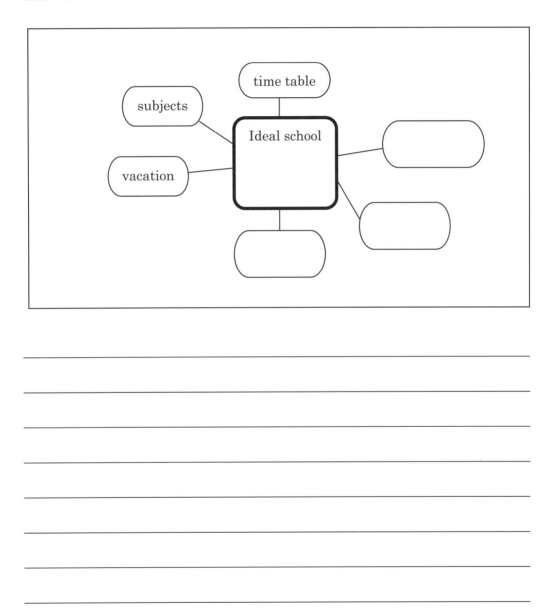

比較表現 × トーナメント

21 比較級でトーナメント

自分でトーナメントを作成し、比較級を使ってペアで問題を出し合う活動です。自分で作ったトーナメントをペアで質問しながらトーナメントで競わせることで、楽しみながら比較級の疑問文とその受け答え方を伸ばします。

準備するもの 教師：ワークシート

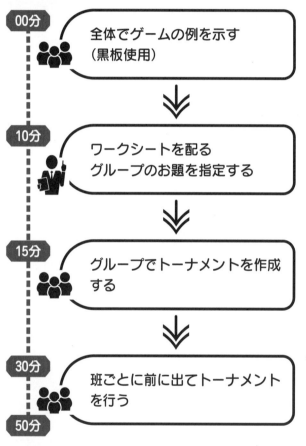

時間	活動	指示・発話例
00分	全体でゲームの例を示す（黒板使用）	▶これから、黒板に書かれた項目でトーナメントを行います。題して、「このクラスで最もイライラすることは何か選手権」です （例）大量の宿題、旅行中の渋滞、梅雨など
10分	ワークシートを配る グループのお題を指定する	▶○班のお題は「美しい」です。○班は「大切な」でやりましょう
15分	グループでトーナメントを作成する	▶お題に合うものを書き込んでください。必ず一人１つは書くこと （英語じゃないとダメですか？） ▶どうしても難しい場合は日本語でもいいです
30分〜50分	班ごとに前に出てトーナメントを行う	▶では、１班から前でトーナメントをやってもらいましょう。クラスのみなさんは挙手してください

ポイント

- 比較級の作り方や受け答え方が不十分な場合、授業の最初に説明します。
- 最後の「このクラスで最もイライラすることは何か選手権」は、形容詞を変えてもOKです。トーナメントは目で見てわかりやすいので、比較級の疑問文の導入でも使うことができます。
- お題の例として、大切、人気がある、難しい、値段が高い、柔らかい、かわいい、面白い、などがあります。

●参考文献・先行実践
「英語教育2.0〜my home, anfieldroad〜」 http://d.hatena.ne.jp/anfieldroad
●アレンジ 英語詩 × トーナメント　学校行事 × トーナメント

比較級でトーナメント

クラス（　　）　番号（　　　）　氏名（　　　　　　　　　　　）

【Which　is　（more）　○○er,　〜〜　or　××?】

①お題にあった項目を8つ挙げる。
　　例えば「強いもの」であれば、ライオン、力士、ロボット…という具合。
②比較級の疑問文でクラスに質問する。
③挙手で過半数を得た方が「勝ち」。
④次々とトーナメントを行い、1位を決める。

（例）どちらが強い？　どちらが美しい？　どちらがイライラ？　どちらが大きい？

お題【　Which is　　　　　　　　　　　　　　　？　】

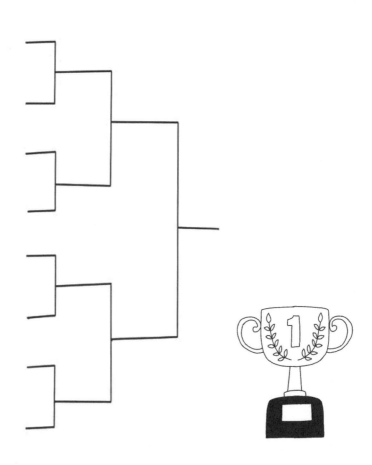

22 want to × インタビュー
どこの国に行きたい？

　自由なお金と時間があったらどこの国に行って何をしたいか考え、クラス内でインタビュー調査をする活動です。クラスの友人の興味をインタビューすることで、楽しみながらwant to のスピーキング力を伸ばします。

準備するもの　教師：ワークシート　生徒：ノート

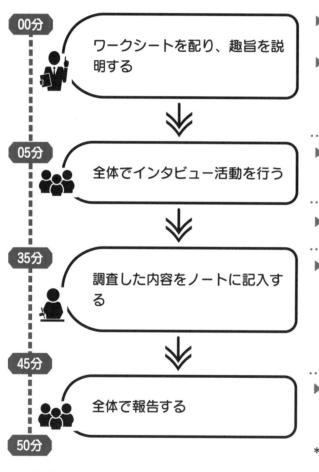

時間	活動	指示・説明
00分	ワークシートを配り、趣旨を説明する	▶今日は、クラスの友人がどこの国に行きたいか、そこで何をしたいか調査します ▶WS1の国の中から1つ興味のある国を選び、そこでしてみたいことを1つ選びましょう。また、それ以外の国を考えてもOKです
05分	全体でインタビュー活動を行う	▶それでは、クラスの友人に調査活動をしましょう。合計10人に行い、WSの2に記入しましょう ▶インタビューを終えてください
35分	調査した内容をノートに記入する	▶最後に、それぞれが調査した内容をノートに英語で書きましょう
45分	全体で報告する	▶調査した内容を英語で報告してもらいます。例えば、Two students want to go to England. They want to visit the Big Ben. などと報告してください ＊数人指名し、英語で報告させる
50分		

ポイント
・クラス全体で調査活動をするほかに、最初はペアでインタビュー、その次はグループでインタビューという形でもOKです。
・調査の報告を発表したりノートに書いたりするときに、「Yuki wants to go to China.」というように、友人の名前を使ってもいいでしょう。その際は三人称単数現在のSに注意させましょう。

●アレンジ　can × インタビュー　疑問詞 × インタビュー

どこの国に行きたい？

クラス（　　　）　番号（　　　）　氏名（　　　　　　　　）

A: Which country do you want to go if you have enough time and money?
B: I want to go to _____ .
A : Really? What do you want to do there?
B : I want to _____ there.

1. Which country do you want to go?

1. visit the Big Ben
2. see Stonehenge
3. visit the British Museum

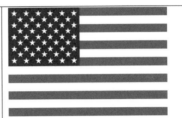

1. visit New York
2. see the Statue of Liberty
3. surf in San Francisco

1. visit the Great Wall
2. see pandas
3. go to Beijing

think by yourself

2. Ask your classmates!

Name	country	want to do	Name	country	want to do

23 比較表現 × 比べる
比較級クイズ

比較級や最上級を使ったクイズに楽しく答えながら、「〜er」や「the 〜est」を使った比較表現の理解を促す活動です。また、自分でクイズを作ることで比較表現を使う際のルールも理解できます。

準備するもの 教師：ワークシート　生徒：地図帳や社会科資料集など

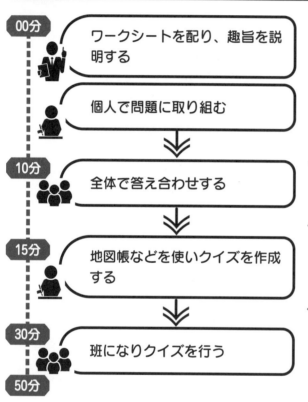

- ▶今日は比較表現を使ったクイズにチャレンジしてみましょう
- ▶答えを英語で書けるといいですね

- ▶答えはわかりましたか。また、比較の文を正しく書けていたでしょうか？

- ▶先ほどみなさんが答えたクイズを参考に、オリジナルクイズを作ってみましょう。比較表現をうまく使って出題してくださいね

- ▶では、クイズの時間です。班になり、グループのみんなに出題してみましょう
- ▶グループの中で良かったクイズをクラスに発表してください

〈ワークシートの解答（例）〉
1 Canada is larger than America.
2 Becky is the tallest of three.
3 Taro swims the fastest of three.
4 English is the easiest for Ken.
5 Horyuji-temple is the oldest temple in Japan.
6 Mt.Everest / Everest is the highest in the world.
7 Nile / the Nile / Nile River is the longest in the world.
8 Escalator is more expensive.

ポイント
・クイズ作りが進まない生徒には、教科書に記載されているような形容詞や副詞のリストを見せるとアイデアが出やすいです。
・必要に応じて、クイズを進めながら、比較表現の解説を行うとよい復習になります。

●アレンジ　語彙学習 × 比べる　辞書 × 比べる

比較級クイズ

クラス（　　）　番号（　　　）　氏名（　　　　　　　　）

Step1 次の質問に、単語ではなく文で答えましょう。

1　Which is larger, America or Canada?

　_____

2　Demi is taller than Kate.　Kate is taller than Becky.　Who is the shortest?

　_____

3　Taro can swim faster than Jiro.　Masao can swim faster than Jiro.　Masao can't swim faster than Taro.　Who can swim the fastest?

　_____

4　Ken thinks English is easier than math.　He thinks math is easier than science. Which subject is the easiest for Ken?

　_____

5　What is the oldest temple in Japan?

　_____

6　What mountain is the highest in the world?

　_____

7　Which river is the longest in the world?

　_____

8　Which is more expensive, an elevator or an escalator?

　_____

Step2 オリジナルの問題を作って、友達に出題しましょう。

_____

_____

_____

_____

町の魅力を紹介しよう

There is(are)… × プレゼンテーション

There is (are)…など様々な表現を使いながら、自分の町（市、県）の魅力を紹介するライティングとスピーキング活動です。既習文法の復習をしながら、まとまりのある文章を書く力を伸ばすことができます。

準備するもの　教師:ワークシート　生徒:和英辞書

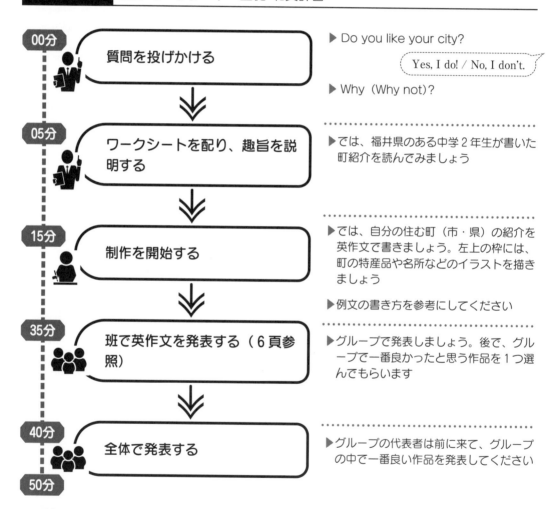

ポイント

・例文を見せ、書き方を説明すると、その例文に出てくる表現を活用するため、より質の高い作文になりやすいです。それを写してしまうのが心配であれば、表現だけを紹介したワークシートを用意するのもよいでしょう。

●アレンジ　can×プレゼンテーション　後置修飾×プレゼンテーション

町の魅力を紹介しよう

クラス（　　）　番号（　　）　氏名（　　　　　　　）

（例：福井県あわら市の紹介文）

　　　I live in Awara City. It's in the north of Fukui, near Ishikawa.
　　　It's famous for onsen, hot springs. There are a lot of onsen here. If people come there and take onsen, they can relax. So, people in Awara City like onsen. Also, Awara has Lake Kitagata. We can ride on a boat there. We can enjoy seeing great views from the boat. We can also enjoy cycling or walking around the lake.
　　There are many delicious foods there. For example, Koshino Ruby, our local tomatoes, are very famous and delicious. Many people like them very much.
　　I love this city, so please come to Awara City to enjoy taking onsen, seeing many kind students, and eating many delicious foods!! If you come, people here will welcome you.

〔ヒント〕書き出しの段落には市の名前や場所の説明、2段落目には観光地やできること、3段落目には名産、4段落目には自分の町に対する気持ちが書かれています。

MY TOWN

25 to不定詞 × 審査 My Passportをつくろう

2年生

自分のパスポートを作って、入国審査のやりとりをペアで行う活動です。自分のパスポートを持って、英語の授業にのぞむことができたら、意欲もぐっと湧くのではないでしょうか。英語の授業への参加を認めるパスポートで、「入室審査」に挑戦してみましょう。

準備するもの 教師：ワークシート、パソコン、プロジェクター、シール　生徒：教科書、和英辞典、ハサミ

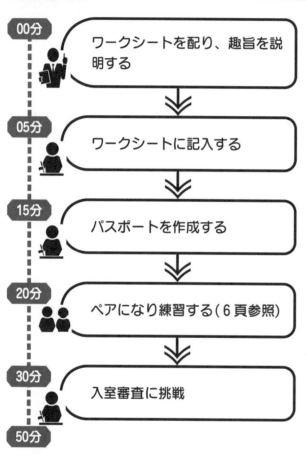

- ▶今日は英語の授業用のパスポートを作りましょう
- ▶まずは名前と誕生日を英語で記入してください
- ▶次に、英語の授業を受ける目的を英語で記入しましょう。あとで増えても構いません。辞書を使用してもよいですよ

（例）To practice speaking English.
　　　To learn communication skills.
　　　To know about different cultures.
　　　　　　　　　　　　　　　　　　など

- ▶ワークシートの指示通りに切れ目を入れたり、折り曲げたりして、パスポート風の冊子にしましょう
- ▶教科書やYouTubeの動画にならって、ペアで入室審査の練習をしましょう

審査基準
①教科書を見ないで会話ができる
②審査官の3つの質問にすばやく答えられる（氏名、誕生日、目的）

- ▶準備ができた人から先生のところにきて、入室審査を受けてください。合格した人にはビザの代わりのシールを貼ります
- ▶早く終わった人は、待っている人とペアを組み、審査官役になり練習してあげましょう

ポイント

・英語の授業の目的以外にも、いろいろな質問（趣味や部活など）をして、英語で話す機会にできるといいですね。

●**参考文献・先行実践**
「YouTube シンプル英会話 #006」https://www.youtube.com/watch?v=DFxktLtt2SI
「YouTube 入国審査で使う英語フレーズ！これだけは抑えておくべき必須表現」https://www.youtube.com/watch?v=-W9FkpNM-pI
「田尻悟郎のWebsite Workshop」(http://www.benesse-gtec.com/fs/tajiri/)
●アレンジ　疑問詞 × 審査　自己紹介 × 審査

My Passport をつくろう

クラス（　　）　番号（　　）　氏名（　　　　　　　　）

切り取り　　　　　谷折り　　　　　山折り

Passport　　　＿＿＿＿＿＿＿ JHS

姓 Surname

名 Given name

生年月日 Date of birth
　　/　　/

所持人自署 Signiture of bearer

JAPAN PASSPORT

Purpose in English Class

North America

Asia

South America

Europe

地図：CraftMAP (http://www.craftmap.box-i.net/) で作成

語彙学習 × ワードサーチパズル
隠れている単語を見つけ出せ！

　中学校で学習する英単語をワードサーチで楽しく復習する活動です。たくさんのアルファベットのなかから英単語を真剣に探すことで、単語の正確な綴りを確認することができます。単語は1、2年生のものです。

| 準備するもの | 教師：ワークシート　生徒：教科書（辞書） |

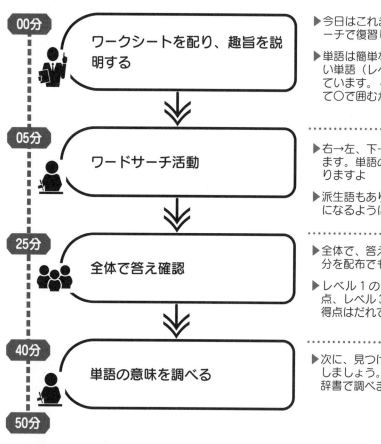

ポイント

・一人でワードサーチが難しそうであれば、ペアなどで探させるとよいでしょう。
・時間内に見つけた単語の総得点で順位を競い合うようにすると、生徒は熱中して取り組みます。
・単語の意味調べは、グループで教え合いながら進めてもいいですね。

●参考文献・先行実践
「FUN BRAIN "Word Turtle"」 http://www.funbrain.com
●アレンジ　辞書 × ワードサーチパズル　数学の英単語 × ワードサーチパズル

隠れている単語を見つけ出せ！

クラス（　　　）　番号（　　　）　氏名（　　　　　　　　　　）

	1	2	3	4	5	6	7	8	9	10	11	12	13	14	15
1	G	Y	A	P	R	I	L	J	T	V	N	R	U	Y	I
2	I	M	P	O	R	T	A	N	T	P	L	A	X	O	C
3	Y	R	T	N	U	O	C	D	A	E	R	Q	H	J	S
4	G	B	N	A	P	A	J	K	L	W	I	R	O	N	C
5	N	I	K	O	R	T	D	C	H	I	L	D	R	E	N
6	S	N	V	B	E	A	U	T	I	F	U	L	K	P	V
7	U	T	X	E	M	D	G	H	Y	R	G	N	U	H	O
8	O	E	Y	F	M	B	E	A	N	F	G	W	Q	A	X
9	I	R	P	O	U	U	B	N	O	C	R	L	P	P	A
10	C	E	E	R	S	S	R	T	I	J	M	A	Z	P	U
11	I	S	O	E	K	Y	E	S	T	E	R	D	A	Y	G
12	L	T	P	U	H	D	T	E	A	C	H	J	Z	Q	R
13	E	I	L	P	D	B	Y	R	C	H	C	M	J	Z	A
14	D	N	E	I	R	F	J	U	A	N	E	W	S	M	J
15	K	G	R	T	C	V	I	R	V	T	F	A	O	E	K
16	Y	L	I	M	A	F	Z	C	X	R	I	N	B	A	J
17	E	Y	W	O	N	D	E	R	F	U	L	T	K	T	B
18	G	S	C	H	O	O	L	J	I	Q	V	Z	V	R	T
19	V	D	A	N	G	E	R	O	U	S	N	M	R	W	E
20	P	H	Y	B	U	E	G	A	U	G	N	A	L	H	J

４文字以上の英単語を見つけて書き出そう（長い単語ほど高得点）！

	単語	意味		単語	意味
①			⑯		
②			⑰		
③			⑱		
④			⑲		
⑤			⑳		
⑥			㉑		
⑦			㉒		
⑧			㉓		
⑨			㉔		
⑩			㉕		
⑪			㉖		
⑫			㉗		
⑬			㉘		
⑭			㉙		
⑮			㉚		

（例）　「MOTHER」の前に「GRAND」があったら「GRANDMOTHER」とした方が高得点になります。

隠れている単語を見つけ出せ！ [解答]

クラス（　　）　番号（　　）　氏名（　　　　　　　）

	1	2	3	4	5	6	7	8	9	10	11	12	13	14	15
1	G	Y	A	P	R	I	L	J	T	V	N	R	U	Y	I
2	I	M	P	O	R	T	A	N	T	P	L	A	X	O	C
3	Y	R	T	N	U	O	C	D	A	E	R	Q	H	J	S
4	G	B	N	A	P	A	J	K	L	W	I	R	O	N	C
5	N	I	K	O	R	T	D	C	H	I	L	D	R	E	N
6	S	N	V	B	E	A	U	T	I	F	U	L	K	P	V
7	U	T	X	E	M	D	G	H	Y	R	G	N	U	H	O
8	O	E	Y	F	M	B	E	A	N	F	G	W	Q	A	X
9	I	R	P	O	U	U	B	N	O	C	R	L	P	P	A
10	C	E	E	R	S	S	R	T	I	J	M	A	Z	P	U
11	I	S	O	E	K	Y	E	S	T	E	R	D	A	Y	G
12	L	T	P	U	H	D	T	E	A	C	H	J	Z	Q	R
13	E	I	L	P	D	B	Y	R	C	H	C	M	J	Z	A
14	D	N	E	I	R	F	J	U	A	N	E	W	S	M	J
15	K	G	R	T	C	V	I	R	V	T	F	A	O	E	K
16	Y	L	I	M	A	F	Z	C	X	R	I	N	B	A	J
17	E	Y	W	O	N	D	E	R	F	U	L	T	K	T	B
18	G	S	C	H	O	O	L	J	I	Q	V	Z	V	R	T
19	V	D	A	N	G	E	R	O	U	S	N	M	R	W	E
20	P	H	Y	B	U	E	G	A	U	G	N	A	L	H	J

見つけた単語を書き出そう！

単語	意味	単語	意味
①APRIL	春（1点）	⑯HUNGRY	空腹な（2点）
②READ	〜を読む（1点）	⑰TEACH	〜を教える（2点）
③ENJOY	〜を楽しむ（1点）	⑱FAMILY	家族（2点）
④BEAN	豆（1点）	⑲SCHOOL	学校（2点）
⑤HAPPY	幸せ（1点）	⑳BUSY	忙しい（2点）
⑥FRIEND	友達（1点）	㉑IMPORTANT	大切（3点）
⑦NEWS	ニュース（1点）	㉒CHILDREN	子どもたち（3点）
⑧LIFE	生活・命（1点）	㉓BEAUTIFUL	美しい（3点）
⑨WANT	〜が欲しい（1点）	㉔YESTERDAY	昨日（3点）
⑩MEAT	肉（1点）	㉕DELICIOUS	美味しい（3点）
⑪COUNTRY	国（2点）	㉖INTERESTING	おもしろい（3点）
⑫JAPAN	日本（2点）	㉗VACATION	休暇（3点）
⑬SUMMER	夏（2点）	㉘WONDERFUL	すばらしい（3点）
⑭BEFORE	〜の前（2点）	㉙DANGEROUS	危険な（3点）
⑮PEOPLE	人々（2点）	㉚LANGUAGE	言語（3点）

ALTとできること　ALTができること

ALTとのTTうまくいってる？

江澤：ALTってほとんどの中学校にいらっしゃると思いますけど、みなさんうまくその制度を活用できているんでしょうか。

内藤：「ALTとの指導と評価」っていうシンポジウムで、話したことがあります。TT（ティームティーチング）で問題だと思っていることが2つあります。1つは、ALTが用意してくる活動と日本人英語教師が求めている活動が違うこと。そして、もう1つは、ALTと日本人英語教師で評価の視点が違ってしまう場合があるということ。ゴールシェアリングさえうまくいけばこれらの問題は解決できると思うので、週1回の教科部会でALTを交えてゴールを話し合うような時間が必要ですよね。

江澤：ゴールシェアリングは良い考え方だと思います。英語科内でのコミュニケーションって本当に大切ですよね。そもそも英語科の先生方の間で考え方が違っていると、進めていけない部分もあります。

内藤：ALTの先生が一生懸命準備してくれたけれど、日本人英語教師の先生からすると目標と違うかな……ということもよくある。日本人英語教師が5文話させたいのに、ALTは3文でOKとしてしまうようなずれがでてきてしまうんですよね。教科書のそれぞれのユニットやパートで、英語でできるようになる行動をリスト化した「CAN-DOリスト」を使うといいと思います。

江澤：「CAN-DOリスト」は英語でも作ったほうがいいですよね。

内藤：ALTと日本人英語教師で共通のCAN-DOリストを作るのがベストですね。英会話での打ち合わせが大変な先生もなかにはいるけれど、同じゴールを見ているって、ある意味当然のことですよね。

打ち合わせ時間の確保問題

橋本：でも実際、ALTと打ち合わせする時間の確保って難しいですよね。

江澤：時間が終わったら、すぐに帰っちゃう人もいるしね。まぁそれは仕方ないか。

橋本：時間の問題って大きくて、ALTとのTTを理想的なものにするには週の授業時間数をなんとか減らさないとなかなか難しいですよね。日本の先生って英語の授業に関すること以外にも仕事がたくさんあるし……。

内藤：打ち合わせ不足で授業に臨むと、ALTの個性も生かせないし、学習目標も達成できない。「好きなことをやって」と言って任せちゃうと、やっぱり不安が残る。

江澤：打ち合わせ時間の確保は現場で切実な問題ですね……。

●参加者：江澤隆輔（教師11年目・小学校勤務）、橋本秀徳（教師10年目・中学校勤務）、内藤元彦（教師10年目・中学校勤務）

※年数は執筆当時

座談会コラム ① ALTとできることALTができること

ALTにお願いしていること

江澤：活動の準備は、ALTに50分間お任せしている感じですか？

内藤：スピーキング活動をしてライティングするような活動をお願いしているけど、教科書内のパートで、どこを教えているかによってその配分は違ってくるかな。

江澤：授業以外の部分ではいかがでしょうか。ALTの先生にどんな仕事をお願いしていますか。英作文添削はだいたいどこでもやっていると思いますが。

内藤：うちの学校のALTの先生は、時間を決めてお昼休みにEnglishCafeってのやってくれています。会話・映画・交換日記とか音楽とかをしてくれて、生徒とも交流をしています。

江澤：ESS部を軽くした感じのことをやっているんですね。EnglishCafeってネーミングもいいですねえ。前に勤めていた中学校では給食の時間に教室に回ってきてくれる先生もいて、あれはよかった。毎日どこかのクラスで給食を食べている。給食中って、生徒がリラックスしてるし、楽しそうに英語もしゃべれる。

橋本：これもALTの個性だと思うけど、そういったのを積極的にやってくれるのっていいですよね。どんどん生徒に働きかけてくれる。

これからやってみたいこと

江澤：今後、やってみたいのがALTによる日本人英語教師対象の発音クリニックワークショップ。長期休業中に1時間とかでいいから、ALTの先生が日本人英語教師向けに、発音のトレーニングを行う。生徒にとって、担当の英語教師の発音がキレイだったら、すごく魅力的に映るはず。「先生みたいにキレイに発音してみたい！」と思ってくれる生徒が増えるかも。これ、どう思いますか？

内藤：いいかもね。出身地によって発音って若干違うけど、それはそれで勉強になりそう。

内藤：あと、パフォーマンステストはお願いしていますか？

江澤：それって評価のことですか？

内藤：はい、評価ですね。

橋本：でも、ALTの評価って結構甘くなりがち……。

内藤：うん、それがしっかりできるようにコミュニケーションをしていかないとね。ルーブリック評価でしっかり項目に分けて平等で適正な評価をしてもらえるように仕向けていくことが必要かも。

江澤：ルーブリック評価……勉強します。

3章 3年生

27 基本文 × ディスカッション
スマートフォンは必要か否か？

　与えられたテーマについて自分の考えをスピーキングとライティングで行う活動です。「スマートフォンをもつべきかどうか」という身近な話題でディスカッションを行うことで、自分の意見を述べる表現の型の練習ができます。

| 準備するもの | 教師：ワークシート　生徒：ノート |

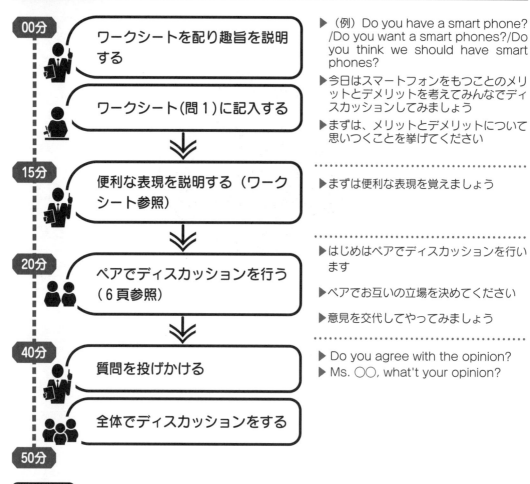

ポイント

- 3年生用のワークシートになっていますが、テーマを変えたり、便利な表現を増やしたりすれば、1、2年生でも行うことができます。
- クラスの実態に応じて、最初の段階ではワークシートに日本語で意見を出させ、ディスカッションの中で教師が支援するのも効果的です。
- 語彙や表現が不足している場合は、単語・文法リストを別に与えるとよりスムーズにディスカッションが行えます。

●アレンジ　教科書 × ディスカッション　　比較表現 × ディスカッション

スマートフォンは必要か否か？

クラス（　　）　番号（　　）　氏名（　　　　　　　）

Opinion We should have smart phones. 私たちはスマートフォンを持つべきだ

1.スマートフォンをもつことの良さ（merit）と悪さ（demerit）を考えよう

Merit	Demerit
・	・
・	・
・	・
・	・
・	・

2.Do you agree with the opinion?

　　I agree with the opinion.　・　I disagree with the opinion.

自分の意見を述べるときに便利な表現

【自分の立場を言う】
(1) I (don't) think / we should have smart phones / because…
　　私は思います（せん）/ 私たちがスマートフォンを持つべきだと/ なぜなら…
(2) Having smart phones are good (bad) / because…
　　スマートフォンを持つことは良い（悪い）。/ なぜなら…
(3) I agree with the opinion. / I disagree with the opinion.
　　私はその意見に賛成です。 / 私はその意見に反対です。

【相手の意見に反論する】
(1) You said …, but that's not true. あなたは…と言いましたが、それは本当ではありません。
　　　　　　　　that may not be true. それは本当ではないかもしれません。
　　I think …　　私は…だと思います。
(2) I disagree with your opinion.　あなたの意見に反対です。
(3) That may be true, but some people …　それは本当かもしれませんが、
　　　　　　　　　　　　　　　　　　　　　　…という人もいます。

【味方の意見に補足・追加する】
(1) In addition to the opinion, …　その意見に付け加えて、…
(2) I have another reason. 別の理由もあります。
　　There is a different reason why having smart phones is good (bad).

3.さぁ、ディスカッションを始めよう！

28 関係代名詞 × 人物あてクイズ
わたしは誰でしょう？

関係代名詞を使ってクイズを作り、問題を出す活動です。関係代名詞を使いながら楽しくクイズを作ったり解いたりしながら、文法力やリスニング力を伸ばすことができます。

準備するもの 教師：ワークシート

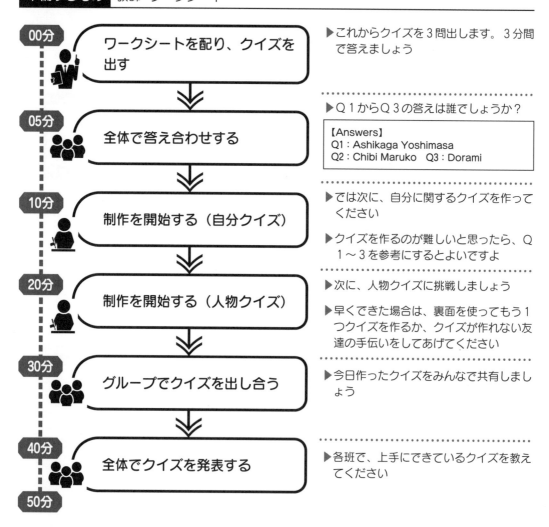

時間	活動	指示
00分	ワークシートを配り、クイズを出す	▶これからクイズを3問出します。3分間で答えましょう
05分	全体で答え合わせする	▶Q1からQ3の答えは誰でしょうか？ 【Answers】 Q1：Ashikaga Yoshimasa Q2：Chibi Maruko　Q3：Dorami
10分	制作を開始する（自分クイズ）	▶では次に、自分に関するクイズを作ってください ▶クイズを作るのが難しいと思ったら、Q1～3を参考にするとよいですよ
20分	制作を開始する（人物クイズ）	▶次に、人物クイズに挑戦しましょう ▶早くできた場合は、裏面を使ってもう1つクイズを作るか、クイズが作れない友達の手伝いをしてあげてください
30分	グループでクイズを出し合う	▶今日作ったクイズをみんなで共有しましょう
40分	全体でクイズを発表する	▶各班で、上手にできているクイズを教えてください
50分		

ポイント
・Q2とQ3は、4つのヒントを与えるクイズ形式になっています。徐々に答えがはっきりしていくような順番にするのがポイントです。
・クイズを答える場面では、個人に答えさせてもよいですが、盛り上げたい場合には班対抗戦にしたり、間違えた場合のルールなどを設定したりするのもよいでしょう。

●アレンジ 三単現 × 人物あてクイズ　疑問詞＋can × 人物あてクイズ

わたしは誰でしょう？

クラス（　　）　番号（　　）　氏名（　　　　　　　　）

1. クイズに答えよう。

   Q1: I am a man who made Ginkakuji-temple.　Who am I ?
   　　　　　　　　　　　　　　　　　　　　　　A. (　　　　　　　)

   Q2: I am a girl who has a sister and grandfather.
   　　 I go to elementary school.
   　　 My face is round, and my hair is short.
   　　 You can see me on TV on Sundays.　Who am I?
   　　　　　　　　　　　　　　　　　　　　　　A. (　　　　　　　)

   Q3: I am a yellow robot.
   　　 I will be born in 2114.
   　　 I have a brother who has no ears.
   　　 I am loved by many people around the world.　Who am I?
   　　　　　　　　　　　　　　　　　　　　　　A. (　　　　　　　)

2. 自分クイズを作ろう。（Who am I?）

   ① I am a _____ who _____.
   ② _____.
   ③ _____.
   ④ _____.

3. 人物クイズを作ろう。（Who is this?）
   先生、芸能人、歴史上の人物、アニメキャラクターなどのクイズを作ろう。

   ① This is a _____ who _____.
   ② _____.
   ③ _____.
   ④ _____.

   ① This is a _____ who _____.
   ② _____.
   ③ _____.
   ④ _____.

29 ことわざ × 英訳
あなたはことわざ翻訳家!?

英語で書かれたことわざを見て、それらを直訳することで意味を理解し、日本語のどのことわざに当たるかを想像する活動です。英語のことわざは難しい語彙や言い回しがあるので、グループ活動として、話し合いながら学習します。英和辞書を使い、幅広い語彙学習にもなります。

準備するもの 教師:ワークシート 生徒:英和辞書、国語便覧

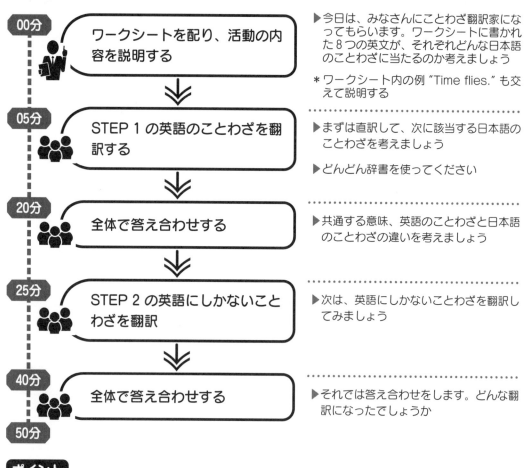

ポイント
・学習が滞っている生徒やグループには、ヒントを与えて支援します。
【ことわざの答え】
1．豚に真珠（猫に小判） 2．一石二鳥（を得る） 3．灯台下暗し
4．雨降って地固まる 5．親しき仲にも礼儀あり 6．一を聞いて十を知る
7．一寸先は闇 8．八方美人（たのむにたらず）

●アレンジ 英語詩×英訳 漫画×英訳

あなたはことわざ翻訳家!?

クラス（　　）　番号（　　　）　氏名（　　　　　　　　　）

Step1 下の英文を直訳して、それに当たる日本語のことわざを書こう！
（例）**Time flies.** 直訳は「時間は飛んでいく（くらい速い）」
だから日本語で「光陰矢の如し」に当たる。

1. Pearls before swine.
直訳すると　　「　　　　　　　　　　　　　　　　　　　」
だから日本語で「　　　　　　　　　　　　　　　　　　　」に当たる。

2. Kill two birds with one stone.
直訳すると　　「　　　　　　　　　　　　　　　　　　　」
だから日本語で「　　　　　　　　　　　　　　　　　　　」に当たる。

3. It is dark at the foot of a candle.
直訳すると　　「　　　　　　　　　　　　　　　　　　　」
だから日本語で「　　　　　　　　　　　　　　　　　　　」に当たる。

4. After a storm comes a calm.
直訳すると　　「　　　　　　　　　　　　　　　　　　　」
だから日本語で「　　　　　　　　　　　　　　　　　　　」に当たる。

5. Politeness is not just for strangers.
直訳すると　　「　　　　　　　　　　　　　　　　　　　」
だから日本語で「　　　　　　　　　　　　　　　　　　　」に当たる。

6. A word to a wise man is enough.
直訳すると　　「　　　　　　　　　　　　　　　　　　　」
だから日本語で「　　　　　　　　　　　　　　　　　　　」に当たる。

7. Who can read the future?
直訳すると　　「　　　　　　　　　　　　　　　　　　　」
だから日本語で「　　　　　　　　　　　　　　　　　　　」に当たる。

8. A friend to all is a friend to none.
直訳すると　　「　　　　　　　　　　　　　　　　　　　」
だから日本語で「　　　　　　　　　　　　　　　　　　　」に当たる。

Step2 英語にしかないことわざを翻訳してみよう！

1. Don't put all your eggs in one basket.

2. If it is not broken, don't fix it.

30 後置修飾 × 名前あてクイズ
ヒントは後からついてくる

　後置修飾のクイズを自分で作り、後置修飾に慣れ親しむ活動です。分詞や接触節、関係代名詞など複雑な後置修飾は、なかなか理解や習熟が深まりにくいものです。クイズで楽しみながら学習していくことができます。

準備するもの　教師:ワークシート

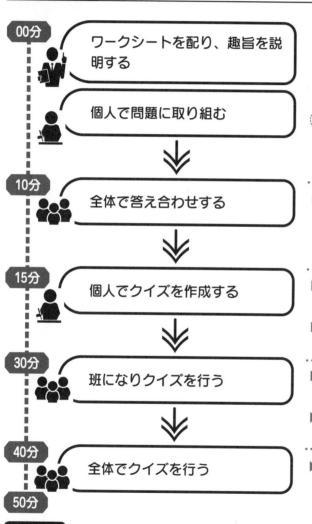

- 00分 ワークシートを配り、趣旨を説明する
  - ▶今日は後置修飾に慣れ親しむ活動です。後置修飾とは…（簡単に説明する）
  - ▶WSのクイズに答えてみましょう。答えも英語で書けるといいですね
- 個人で問題に取り組む
  - 5の人物、小学校の社会で習ったぞ！
- 10分 全体で答え合わせする
  - ▶答えはわかりましたか。どのヒントが答える決め手になりましたか？
- 15分 個人でクイズを作成する
  - ▶WSのクイズを参考に、自分のオリジナルクイズを作ってみましょう
  - ▶必ず1文は後置修飾を使って、できるだけ長くしてください
- 30分 班になりクイズを行う
  - ▶では、クイズの時間です。グループのみんなに出題してみましょう
  - ▶あとで各グループから出題してもらうので、1人代表者を決めてください
- 40分 全体でクイズを行う
  - ▶代表者は前に出て、みんなに出題してください
- 50分

ポイント
・クイズ作りが進まない場合は、1つ答えを設定して、クラス全員でクイズの問題となる英文を作ってみるとよいでしょう。
・クイズの答えは、クラスのみんなが答えられるようにものを考えさせるとよいでしょう。

●アレンジ　三単現 × 名前あてクイズ　疑問詞 × 名前あてクイズ

ヒントは後からついてくる

クラス（　　）番号（　　）氏名（　　　　　　　）

1.次の質問に、すべて英文で答えましょう。単語で答えるのはダメ！

1　It is an animal <u>living in China.</u>　It is black and white.　It eats bamboo leaves.
　　A_____

2　It is a character <u>loved all over the world</u>. It is a boy.　He puts on a red pants.
　You can see him in Tokyo Disney Land.　What is it?　A_____

3　It is a fruit <u>eaten in winter.</u>　You can eat it in Japan.　It is usually on a table of
　kotatsu.　What is it?　A_____

4　It is something <u>we use every day</u>.　We can carry it anywhere.　We can enjoy
　e-mail, taking pictures, surfing the Internet and calling.　A_____

5　This man was born in Edo period.　He walked around Japan.　He is a man
　<u>who made the first map of Japan</u>.　A_____

2.オリジナルの問題をつくって、友達に出題しよう（正解は裏面に書こう）

ポイント①　後置修飾を使った文を必ず1つは入れよう。

ポイント②　下のカテゴリを参考に作ろう。

It is (a / an) [　　A　　] [　　B　　] _____ .

	分詞		接触節	関係代名詞
man(woman) food book thing もの animal sport language country subject instrument など	used written played eaten seen spoken known held など	living playing running using など	主語＋動詞	who _____ which _____

It is _____ …What is it?

It is _____ …What is it?

It is _____ …What is it?

31 語彙学習 × ストーリーづくり
超シンプルストーリー

　一見、全く関連性のない単語を用いて、物語を作成する活動です。文章の中で指定された単語を用いることで、単語の意味だけでなく、その単語の品詞や用法なども理解できます。

準備するもの　教師：ワークシート、付箋（生徒の数）　生徒：教科書、英和辞典

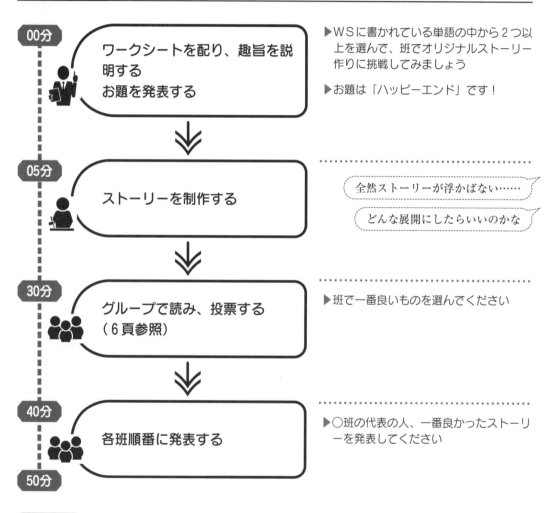

00分　ワークシートを配り、趣旨を説明する／お題を発表する
- WSに書かれている単語の中から2つ以上を選んで、班でオリジナルストーリー作りに挑戦してみましょう
- お題は「ハッピーエンド」です！

05分　ストーリーを制作する
- 全然ストーリーが浮かばない……
- どんな展開にしたらいいのかな

30分　グループで読み、投票する（6頁参照）
- 班で一番良いものを選んでください

40分　各班順番に発表する
- ○班の代表の人、一番良かったストーリーを発表してください

50分

ポイント
・生徒の実態を見て、制作はグループでもかまいません。
・活動が進まないようであれば、ある程度の型を提示すると書きやすくなります。
・（お題の例）○○を主語にする／昔話／ハッピーエンド／バッドエンド／冒険する話／失敗する話／会話劇／笑える話／学校を舞台にした話、など。

●アレンジ　過去形の疑問文 × ストーリーづくり　現在完了形 × ストーリーづくり

超シンプルストーリー

クラス（　　）番号（　　）氏名（　　　　　　　　）

下の単語の中から、2つ以上の単語を選び、その単語を用いて一つのストーリーを作ってみよう！　物語形式でも、対話文形式でも構いません。

> dangerous   classmate
> animal   famous   finger   cool
> poor   happy   breakfast   god

お題【　　　　　　　　　　】

32 後置修飾 × インタビュー
Classroom Research

クラスメートへのインタビュー活動を通して、自分の主張およびその理由を述べる力、相手からそれを引き出す力を育てます。

準備するもの 教師：ワークシート

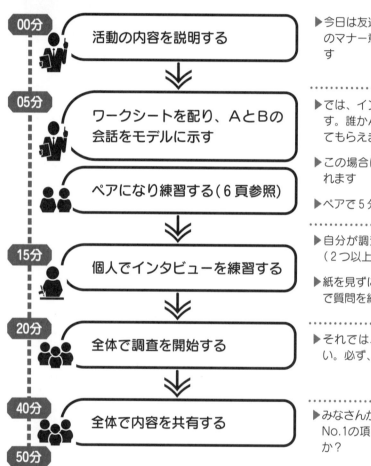

ポイント
・根拠を述べるところで自分の考えを英語にできない生徒がいるかもしれません。活動を適宜止め、全体にフィードバックを与えるとよいでしょう。
・アンケート調査の結果をシェアする際は、挙手や指名によって数人の生徒から、How many students ～？や Why do they think so? などと尋ね、情報を聞き出します。その際、活動中に英語にできなかった表現等も確認できるとよいですね。
・携帯電話に限らず、電車や図書館内でのマナーなどのトピックでの活動も可能です。シェアリングの後、携帯電話のマナーに関する自分の考えを作文するのもよいですね。

●アレンジ　Why-Because（To）× インタビュー　過去形の疑問文 × インタビュー

Classroom Research

クラス（　　　）　番号（　　　）　氏名（　　　　　　　　　）

Model Conversation

A: How do you feel when you find the people <u>talking on the phone on the train?</u>

B: I hate it.

A: Why?

B: Because it's noisy. They should go to some other place to talk.
　What do you think about it?

A: Well, I don't like it.…

下の表に 𝍷𝍷𝍷𝍷𝍷 を使って調査していこう。

No.	Questions	It's rude!	I don't like it.	It's OK.	No problem!
1	talking on the phone on a train or a bus?				
2	using a cell phone when they are with you?				
3	sending too many stickers on LINE?				
4	using a cell phone when you are with your boyfriend/girlfriend?				
5	watching movies while riding a bike?				
6	using a cell phone in the class?				
7	writing bad things about friends on SNS?				
8	playing games and spending a lot of money for them?				

33 辞書 × 辞書づくり
英英辞典をつくろう

ある単語について、その定義を英英辞典のように作成し、クイズとして出題する活動です。ヒントとして、その単語部分が空欄になっている例文も提示します。単語のもつ意味と使い方を意識しながら作文の練習をすることができます。

3年生

準備するもの 教師：ワークシート

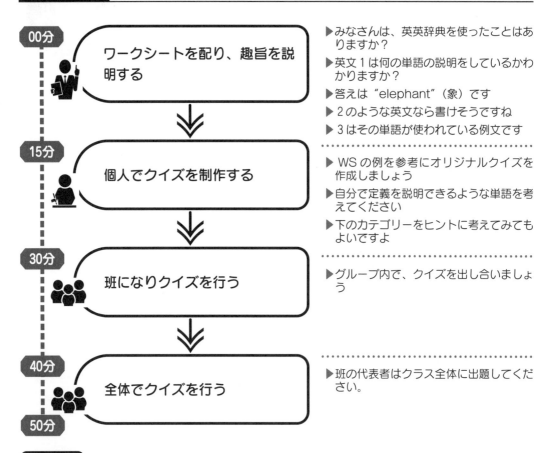

- 00分　ワークシートを配り、趣旨を説明する
  - ▶みなさんは、英英辞典を使ったことはありますか？
  - ▶英文1は何の単語の説明をしているかわかりますか？
  - ▶答えは"elephant"（象）です
  - ▶2のような英文なら書けそうですね
  - ▶3はその単語が使われている例文です

- 15分　個人でクイズを制作する
  - ▶WSの例を参考にオリジナルクイズを作成しましょう
  - ▶自分で定義を説明できるような単語を考えてください
  - ▶下のカテゴリーをヒントに考えてみてもよいですよ

- 30分　班になりクイズを行う
  - ▶グループ内で、クイズを出し合いましょう

- 40分　全体でクイズを行う
  - ▶班の代表者はクラス全体に出題してください。

- 50分

ポイント
・クイズを作成する単語を決められない生徒には、教師が「定義の文を書きやすそうな単語」の選択肢を示し、選ばせてあげるのもよいでしょう。
・例文は、2文以上になってもOKです。教科書から、該当の単語が入っている英文をそのまま抜き出してくるのも面白いですね。

●参考文献・先行実践
　Collins Cobuild「Collins Cobuild Advanced Learner's Dictionary」（2014年）
　ラクイチ国語研究会編『中学国語ラクイチ授業プラン』（学事出版、2017年）
●アレンジ　語彙学習 × 辞書づくり　品詞 × 辞書づくり

英英辞典をつくろう

クラス（　　）　番号（　　）　氏名（　　　　　　　　）

1. これは、ある英単語を、英英辞典で調べた定義です。何でしょうか？

> It is a very large animal with a long, flexible nose called a trunk, which it uses to pick up things. They live in India and Africa.
> ―COLLINS COBUILD Advanced English Dictionary より

2. 上の英文を参考に、簡単な英語で説明した例

<定義>
It is the largest animal living on land. They have a long nose. They live in India and Africa. When they eat and drink something, they use their noses very well. They can also run fast.

3. 問題となる単語を文章中に使った例

<使用例>
My son saw （　答　） for the first time in a zoo. He was surprised because they were huge.

4. オリジナルクイズを作ろう！（答えは裏面に書いておこう）

<定義>

_____
_____
_____

<使用例>

_____
_____
_____

<参考> 単語のカテゴリ

animal	subject	person	sport	stationary (文房具)	furniture (家具)	place
liquid (液体)	food	machine (機械)	tool (道具)	career (職業)	building	など

34 現在完了形 × イメージ理解
現在完了形をイマジンしよう

現在完了形と過去形を比較しながら、現在完了形の機能を理解していく活動です。ワークシートの問題を一つひとつ解きながら、現在完了のイメージをつかむことができます。

準備するもの 教師：ワークシート

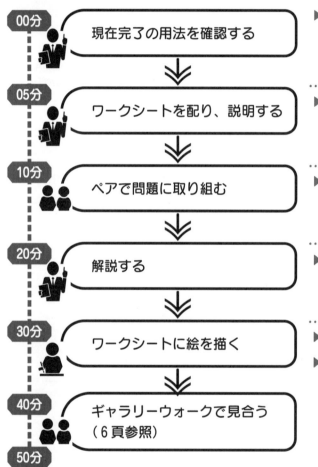

- 00分 現在完了の用法を確認する
  - ▶現在完了には、継続、経験、完了の3つの用法がありましたね。これらを踏まえ、現在完了の意味のイメージをしっかりつかみましょう
- 05分 ワークシートを配り、説明する
  - ▶1の例文を見てください。Aは単なる過去の出来事を表しているのに対し、Bは「いま来た！」という感じが表されています。違いがわかりますか？
- 10分 ペアで問題に取り組む
  - ▶残りの4問に挑戦してみましょう。一つひとつの問題をペアで確認し、なぜその答えを選んだか理由を言い合いましょう
- 20分 解説する
  - ▶過去形と現在完了のイメージの違いはわかりましたか。では、解答と解説をします
- 30分 ワークシートに絵を描く
  - ▶では、課題2に挑戦してみましょう。
  - ▶両者の違いがわかるようなイラストを描いてください
- 40分 ギャラリーウォークで見合う（6頁参照）
- 50分

ポイント
- 解説時は一つひとつ、具体的な場面を想像し、その想像した場面を生徒と共有しながら説明できると生徒の理解が深まると思います。
- 絵が苦手な生徒には、言葉での説明でもよいと伝えます。

【解答と解説】　2. A　以前に2年間住んでいた時期がある
　　　　　　　　3. B　just が入っていることでちょうど終わった感じが強調されている
　　　　　　　　4. B　いまも好きな人への思いが「継続」している
　　　　　　　　5. A　「今年は」見ていないだけ

●アレンジ　助動詞×イメージ理解　教科書×イメージ理解

現在完了形をイマジンしよう

クラス（　　）　番号（　　　）　氏名（　　　　　　　　）

A: 過去形　　過去に起こった出来事を表す表現
B: 現在完了　過去に起こった出来事や状態がいまも継続していることを表す表現

1. 適切な表現を選ぼう

| 1 | 春が来て、ウキウキしている様子を表しているのはどちらでしょう。|

A: Spring came.
B: Spring has come.　　　　　　　　　　　　　　　（　　　　　）

| 2 | 昔東京に住んでいたがいまは違うことを表しているのはどちらでしょう。|

A: Mike lived in Tokyo for two years.
B: Mike has lived in Tokyo for two years.　　　　　（　　　　　）

| 3 | やった！宿題終わった！という気持ちを表しているのはどちらでしょう。|

A: I finished my homework.
B: I have just finished my homework.　　　　　　　（　　　　　）

| 4 | 好きな人のことを忘れられないのはどちらでしょう。|

A: I loved Ellen.
B: I have loved Ellen.　　　　　　　　　　　　　（　　　　　）

| 5 | UFOを見たことがある可能性のあるのはどちらでしょう。|

A: Becky didn't see UFO this year.
B: Becky has never seen UFO.　　　　　　　　　　（　　　　　）

2. 上の1〜5から1組選び、AとBの違いを絵で描き分けてみよう

A: _____

B: _____

35 教科書×４コマ漫画
教科書４コマ漫画

読み物教材を４コマ漫画にする活動です。ストーリー全体の流れ、ポイントとなる場面と表現などを把握し、本文を要約したり別の表現に言い換えたりする力を育てます。

準備するもの　教師：ワークシート　生徒：教科書

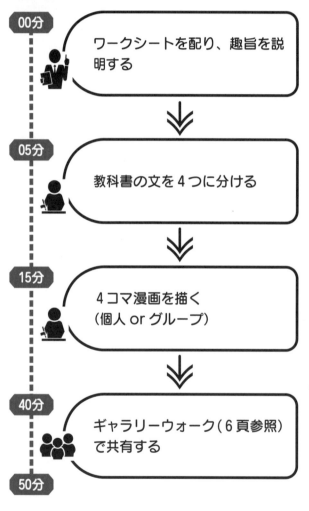

00分 ワークシートを配り、趣旨を説明する
- ▶今日は教科書の文を４コマ漫画にしてみましょう
- ▶４コマ漫画にしてもらう単元は○○です。良い４コマ漫画にするためには、ストーリーの流れや、ポイントとなる場面をしっかりと理解してから描くことが大切です

05分 教科書の文を４つに分ける
- ▶まずは準備として、本文を４つに分けてください
- ▶○○くんはどう分けた？

15分 ４コマ漫画を描く（個人 or グループ）
- ▶コマの横には、必要なセリフや説明を英語で書きましょう。教科書の文をそのまま使ってもいいですが、できれば要約してオリジナルの文で書けるといいですね

（絵が苦手なんですけど…）

- ▶絵は棒人間でもいいですよ

40分 ギャラリーウォーク（6頁参照）で共有する
- ▶時間です。完成した作品を机に置いてください
- ▶教室内を歩いて、みんなの作品を見てまわりましょう
- ＊プロジェクターで作品を映す方法も可

50分

▶ポイント
・生徒の実態に合わせて（絵が苦手な生徒が多いなど）学習形態を選びましょう。
・次の時間に、優秀な作品をコピーして配布すると、要約のポイントの理解にも役立ちます。

●アレンジ　学校行事×４コマ漫画　英作文×４コマ漫画

教科書4コマ漫画

クラス（　　）番号（　　）氏名（　　　　　　　）

①

②

③

④

36 英作文 × 添削
間違いだらけの英作文

中学生がよくするミスを集めた英作文を、生徒自身が添削する活動です。自分で間違いに気づき、訂正することでより頭に残るようになります。

準備するもの 教師：ワークシート　生徒：教科書、ノート

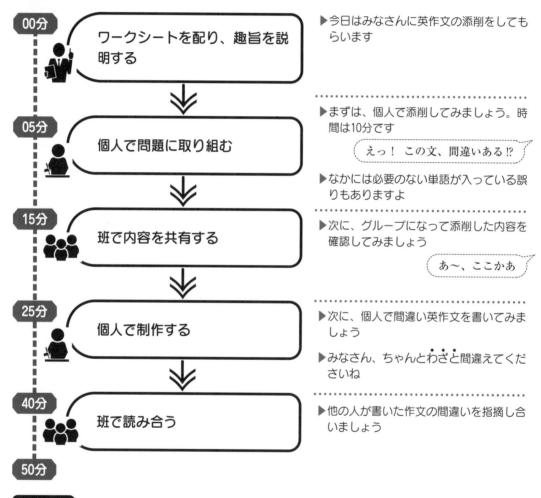

ポイント
・生徒の実態や到達度に合わせて、最初からペアやグループで活動させてもいいでしょう。
・難しそうであれば、教師はヒントや誤りの箇所を適時与えても OK。
・時間があれば他の班と交換して添削し合うとよいでしょう。

●参考文献・先行実践
「働きアリ」English　公立高校入試「自由英作文」(3) 皆がしてしまう間違い (http://blog.livedoor.jp/ari-touch/archives/2017281.html)
●アレンジ　自己紹介 × 添削　三単現 × 添削

間違いだらけの英作文

クラス（　　）　番号（　　）　氏名（　　　　　　　）

英作文①　「自己紹介文」（間違い箇所＝５箇所）

I am fifteen years old. I lived in Osaka since I born.
I like study English, but math is difficult for me.
So I am studying math very hard every day. I enjoy play
baseball, and I want to see a baseball game in America.

英作文②　「あなたにとって大切なものは？」（間違い箇所＝４箇所）

I have very an important picture. It's Tama of picture.
She is a pretty cat, and I go to bed every night with her.
I can sleep well with her. I always am happy with her.

英作文③　「My favorite sport」（間違い箇所＝７箇所）

I learned how to swim from father when I was small child.
Swimming is sport I like best. An our house is near sea and I
can enjoy swimming in beautiful sea every day in the summer.

テーマ「　　　　　　　　　　　　　　」（間違い箇所＝　　箇所）

間違いだらけの英作文　[解答例]

英作文①　「自己紹介文」（間違い箇所＝5箇所）

I am fifteen years old. I <u>lived</u> in Osaka since <u>I born</u>.
　　　　　　　　　　　　 have lived　　　　　　　　　I was born

I like <u>study</u> English, but math is difficult for me.
　　　　studying

So I <u>am studying</u> math very hard every day. I enjoy <u>play</u>
　　　　study　　　　　　　　　　　　　　　　　　　　　　playing

baseball, and I want to see a baseball game in America.

英作文②　「あなたにとって大切なものは？」（間違い箇所＝4箇所）

I have <u>very an</u> important picture. It's <u>Tama of picture</u>.
　　　　 a very　　　　　　　　　　　　　　　 a picture of Tama

She is a pretty cat, and I go to bed <u>every night with her</u>.
　　　　　　　　　　　　　　　　　　　　with her every night.

I can sleep well with her. I <u>always am</u> happy with her.
　　　　　　　　　　　　　　　　am always

英作文③　「My favorite sports」（間違い箇所＝7箇所）

I learned how to swim from <u>father</u> when I was <u>small child.</u>
　　　　　　　　　　　　　　 my father　　　　　　　 a small child

Swimming is <u>sport</u> I like best. <u>An</u> our house is near <u>sea</u> and I
　　　　　　 the sport　　　　　　　 いらない　　　　　　　 the sea

can enjoy swimming in <u>beautiful sea</u> every day in <u>the</u> summer.
　　　　　　　　　　　 the beautiful sea　　　　　　　 いらない

新指導要領で求められている これからの英語教育

衝撃的な語彙数の増加

江澤：新学習指導要領って令和3年から中学校で完全実施で、小学校は令和2年からですよね。英語の改訂に関してどんな感想をもちましたか？

橋本：まずは語彙数が増えた！　ですね。

江澤：小学校は単語数が600から700になります。これが多いのか、少ないのか実際に教えてみないとわからない部分はありますが、少なくはない気がします。

橋本：中学校は1600から1800に増えますよね。小中合わせて2500。

江澤：2500‼　すごい‼　でも……大丈夫かな。その学習負担は。

橋本：現在の語彙数からかなり増えるということは、言い換えればたくさんの単語を教えながらコミュニケーション能力を伸ばせということですよね。けっこう難しいのでは……。

江澤：とりあえず言語活動をするような時間的余裕はさらに無くなりますね。どこを削って、どこに重きを置いておくかが大切かも。

これからの英語教育に求められる力

内藤：この前、研修でこれからの英語教育で、新指導要領で求められている力に関する話を聞いたんです。

江澤：聞きたい！

内藤：大切なのは3つ。生徒による英語の使い込みが1つ目。言い換えれば、とにかくアウトプットする、使うこと。2つ目が、未知の状況にも対応できる思考力・判断力・表現力などの育成。言い換えたら、即興的に英語を使いこなせること。

江澤：即興性……どんな質問をされるかわからない状況でも対応できる英語力ということですね。もうすでに難しい……（笑）。中学生にそこまで求めるなら、かなりの使い込みが必要ですね。かといって文法指導を減らすわけにはいかないし。

内藤：そして3つ目は、扱う活動が実社会に生きているということ。実社会の場面に基づいた活動の場面を設定すること。

江澤：なるほど。「外国人の友達にこの街を紹介しよう」みたいな活動のことかな。いま勤務している小学校の外国語活動で行っているんですが、その時間に習った英文を1時間で1文ずつ書き取るんです。例えば、将来の夢について言語活動したら、I want to be……みたいに。そして、クラス全員の自己紹介シートを冊子にして中学校のALTの先生に送って実際に読んでもらおうという活動です。

内藤：それは小中連携にもなりそうだし、いいですね。

4領域が5領域に

内藤：4領域も考え方が多少変わったんで

●参加者：江澤隆輔（教師11年目・小学校勤務）、橋本秀徳（教師10年目・中学校勤務）、内藤元彦（教師10年目・中学校勤務）
※年数は執筆当時

よね。①聞くこと②読むこと③話すこと（やりとり）④話すこと（発表）⑤書くことの5領域になる。

江澤：③の「やりとり」が「即興」の部分ですね。④の「発表」が「パフォーマンステスト」、「スピーチ」とかかな。

橋本：そういうこと。それらをどう評価して成績をつけていくのか……これからの課題ですね。

江澤：確かに、話すことって即興的な部分とスピーチ的な部分がありますもんね。普段の会話は瞬間、瞬間的なものだけど、スピーチなんかはあらかじめ何を言うか決めている。

内藤：それらの能力を育てるのが、「インタラクション」かなと思います。先生と生徒、生徒と生徒とのやりとりをどんどんやらせる。

江澤：とにかく場数を踏ませようということですね。

内藤：でも、「さぁしゃべれ」と英語学習を始めたばかりの中学生に言ってもできないから、生徒と先生のインタラクションをモデルとして見せて、学ばせるような授業が増えてくるのかも。

大切なのはバランス

橋本：でも、実際ドリルも大切だよね。単語と文法さえ知っていれば、できることってたくさんある。

内藤：あと、いままでしゃべれなかったのは、言語知識がなかったからだけではなく、経験・自信も大きい気がするよね。

江澤：経験と自信は大きいですよね。単純に、しゃべりの回数や書く回数が少なすぎた。野球に例えるなら、素振りの練習（文法学習）ばかりしていて、実際に試合で打席に立つ（実際にしゃべってみる・書いてみる）ことがなかった。あっても年間数打席とか。そんな状況で、いい打者は生まれませんよね。

橋本：僕の意見を言えば、根本的にはリスニング能力が大きいかなと。しゃべれないというよりは聞けない。話すことって目立つしわかりやすいから注目されがちだけど、そればっかり意識しすぎるのは危険かな。

江澤：うーん、取り組ませる量を増やしつつ、バランスも大切ということになるのかな。4領域……いや5領域をバランスよく取り組ませたいものですね。

4章 全学年

37 オノマトペ × 食レポ
オノマトピ〜アで食レポ

オノマトペ（英語で Onomatopoeia）を使って食べ物クイズを作り、英作文のなかで工夫して表現する学習に取り組みます。

準備するもの　教師：ワークシート　生徒：なし

時間	活動	指示・発問
00分	ワークシートの1に取り組む	▶ 1で、日本語に合う英単語を探しましょう 「辞書で調べてもいいですか？」 ▶ 単語の中にヒントが隠されているものもあります。最初は自力でやってみましょう
10分	オノマトペについて説明する	▶ 日本語で擬態語・擬音語と言います。英語にもそれに当たる言葉があります
15分	2に取り組む	▶ 2の単語にある食べ物を考えてみましょう
25分	班で食べ物クイズを作る（6頁参照）	▶ 班で食べ物を1つ決め、その食べ物は何かを当てるクイズを作ります
40分	班ごとにクラスに向けてクイズを出す	▶ 英文4文でクイズを作り、その中に1つはオノマトピ〜アを使ってください
50分		

ポイント
・後半のクイズ作りは、食べ物を教師が指定すると、時間短縮につながります。

【ワークシート1の答え】
　　イライラ – irritated　むしむし – hot and humid　ふわふわ – fluffy
　　あっさり – light-tasting
　　もごもご – mumble　（光が）ぴかぴか – blink　わくわく – excited　トントン – tap
　　もちもち – chewy　ぽっちゃり – chubby　（星が）ぴかぴか – twinkle
　　つやつや – silky　こってり – heavy-tasting　もじゃもじゃ – shaggy

● 参考文献・先行実践
　　ラクイチ国語研究会編『中学国語ラクイチ授業プラン』（学事出版、2017年）
● アレンジ　英語詩 × 食レポ　語彙学習 × 食レポ

オノマトピ～アで食レポ

クラス（　　）　番号（　　）　氏名（　　　　　　）

「いらいら」「しとしと」「ふわふわ」などは、「オノマトペ（擬態語）」と呼ばれています。英語で、"Onomatopoeia（オノマトピ～ア）"と言います。

1.本語に合う英語を語群から選んで答えましょう。
　・イライラ（　）　・むしむし（　）　・ふわふわ（　）　・あっさり（　）
　・もごもご（　）　・（光が）ぴかぴか（　）　・わくわく（　）　・トントン（　）
　・もちもち（　）　・ぽっちゃり（　）　・（星が）ぴかぴか（　）
　・つやつや（　）　・こってり（　）　・もじゃもじゃ（　）

語群
あ chubby　い fluffy　う twinkle　え irritated　お silky　か shaggy　き chewy
く heavy – tasting　け mumble　こ blink　さ hot and humid　し excited
す tap　せ light - tasting

2.次の言葉に合う食べ物を考えましょう。
　・heavy – tasting 【　　　　】・fluffy 【　　　　】・chewy 【　　　　】
　・simmering（とろとろ）【　　　　】・crispy（サクサク）【　　　　】
　・gooey（ねばねば）【　　　　】・dry（ぱさぱさ）【　　　　】
　・frosty（きんきん）【　　　　】・light – tasting 【　　　　】

3.食べ物を1つ決めて、4つの英文ヒントで表現したクイズを作ってみよう。4つのうち、1つは"Onomatopoeia（オノマトピ～ア）"を使おう。
　＊We eat it in the morning.　Japanese people like it.　It's gooey.　It's cheap.
　　　　　　　　　　　　　　　　　　　　　　　　　　　答え（　納豆　）

1.

2.

3.

4.

38 辞書 × 連想
辞書で多義語クイズ

辞書を使いながら、その便利さに気づかせる活動です。英単語がもつ意味の多様さや、品詞、使い方に目を向けさせながら、これから辞書を使っていこうとする意欲を育てます。

準備するもの 教師：ワークシート、タイマー　生徒：英和辞書

時間	活動	教師の声かけ
00分	辞書について考えさせる	▶辞書を普段使いますか。辞書は便利だと思いますか。どういうときに辞書を使うとよいと思いますか？
05分	ステップ1に取り組む	▶まずは、have・like にどんな意味があるか、品詞なども調べてみましょう
10分	ステップ2に取り組む	▶タイムを計るので、全て終わったらタイムを記録しましょう
20分	ステップ3に取り組む	▶辞書を使って、次の文章を日本語に直してみましょう
25分	多義語クイズを出す	▶これからヒントを出すので、何の英単語かわかったら手を挙げてください ヒント1：劇　ヒント2：演じる ヒント3：遊ぶ　ヒント4：球技をする （わかったー play だ！）
30分	班になり多義語クイズを作る（6頁参照）	▶では、班になって多義語クイズを作ってもらいます。最初のヒントは難しくしてくださいね
40分	発表する	▶班ごとにできたクイズを発表してください
50分		

ポイント

・できるだけ身近な単語を引かせながらも、その意味の多様さや品詞、使い方などにも注意を向けさせます。
・学年が上がるにつれ、また時期が進むにつれ、単語の使い方が多様化したり、自分の書きたい文が複雑になったりして、辞書が必要になる場面が出てきます。そんなとき辞書指導を行うことで、辞書が有効であることに遊びながら気づかせることができます。

●アレンジ　語彙学習 × 連想　品詞 × 連想

辞書で多義語クイズ

クラス（　　）　番号（　　）　氏名（　　　　　　　）

Step1　練習してみよう

(1) have　　どんな品詞・意味があるか書き出してみよう！

(2) like　【 動詞 】　意味（　　　　　　　）

　　　用例：[　　　　　　　　　　　　　　　　　　　　]

　　　【前置詞】　意味（　　　　　　　）

　　　用例：[　　　　　　　　　　　　　　　　　　　　]

Step2　何秒で見つけられるかな？　　＊(p.　)は単語がのっているページ

(1) money (p.　)　(2) bell (p.　)　(3) football (p.　)　(4) smoke (p.　)

（　　分　　秒）

Step3　チャレンジ問題：訳してみよう！

I took a bus to Tokyo. It took 2 hours from here. I met my relatives there.

They took me to Shibuya. Then I took pictures in Shibuya.

【多義語クイズを作ろう①】

ヒント１：日本語の意味　[　　　　　　]　品詞（　　　詞）
ヒント２：日本語の意味　[　　　　　　]　品詞（　　　詞）
ヒント３：日本語の意味　[　　　　　　]　品詞（　　　詞）
ヒント４：日本語の意味　[　　　　　　]　品詞（　　　詞）

答え（　　　　　　）

【多義語クイズを作ろう②】

ヒント１：日本語の意味　[　　　　　　]　品詞（　　　詞）
ヒント２：日本語の意味　[　　　　　　]　品詞（　　　詞）
ヒント３：日本語の意味　[　　　　　　]　品詞（　　　詞）
ヒント４：日本語の意味　[　　　　　　]　品詞（　　　詞）

答え（　　　　　　）

39 教科書 × なりきり
なりきり音読

習った教科書の内容を何度も意識を変えて音読する活動です。気持ちを込めてスラスラと読めるように練習していくなかで、いままでの内容を総復習することができます。また、シャドーイングなどをするとリスニングの力も伸ばすことができます。

準備するもの 教師:ワークシート　生徒:教科書

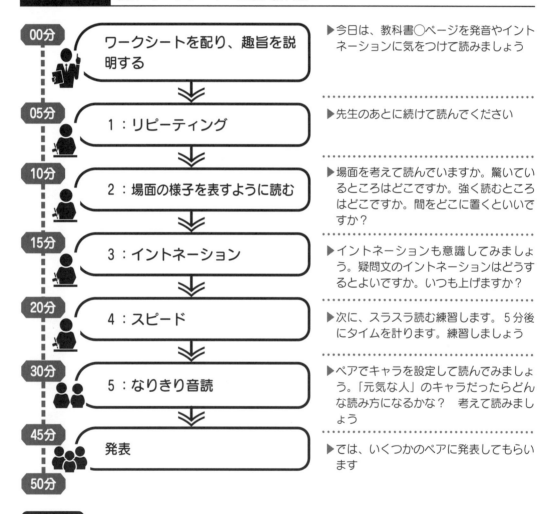

- 00分 ワークシートを配り、趣旨を説明する
  - ▶今日は、教科書○ページを発音やイントネーションに気をつけて読みましょう
- 05分 1:リピーティング
  - ▶先生のあとに続けて読んでください
- 10分 2:場面の様子を表すように読む
  - ▶場面を考えて読んでいますか。驚いているところはどこですか。強く読むところはどこですか。間をどこに置くといいですか?
- 15分 3:イントネーション
  - ▶イントネーションも意識してみましょう。疑問文のイントネーションはどうするとよいですか。いつも上げますか?
- 20分 4:スピード
  - ▶次に、スラスラ読む練習します。5分後にタイムを計ります。練習しましょう
- 30分 5:なりきり音読
  - ▶ペアでキャラを設定して読んでみましょう。「元気な人」のキャラだったらどんな読み方になるかな?　考えて読みましょう
- 45分 発表
  - ▶では、いくつかのペアに発表してもらいます
- 50分

ポイント
・準備が何もいらず、生徒が音読をスモールステップで行い、1時間の授業だけでも上達したことを感じやすい活動なので、生徒も楽しんで行える活動になります。
・定期テスト前や音読テスト前などに適宜行うことで、音読の意識を高められます。

●参考文献・先行実践
国弘正雄・千田潤一・久保野雅史『英会話・ぜったい・音読　入門編』(講談社インターナショナル、2001年)
●アレンジ　基本文×なりきり　自己紹介×なりきり

なりきり音読

クラス（　　　）　番号（　　　）　氏名（　　　　　　　　　　）

Step1：発音を意識して読もう

Step2：場面の様子を表すように読もう

Step3：イントネーションを意識して読もう

Step4：スピードを意識して読もう

Step5：なりきり音読に挑戦しよう
　＊自分でキャラを１つ設定し、その人になりきって音読しましょう（例から選んでもOK）。
　（例）「元気な人」「恥ずかしがり屋」「ぶりっこ」「カッコつけ」
　「イライラした人」「さびしがりや」「お腹がすいた人」「せわしない人」

【記録表】

	Step1	Step2	Step3	Step4	Step5	振り返り（ひとこと）
（例）P.46	r th 注意！	○	△	最高記録 ４３秒	○	
P.				最高記録　　秒		
P.				最高記録　　秒		
P.				最高記録　　秒		
P.				最高記録　　秒		
P.				最高記録　　秒		

40 音読 × 旅行
音読でヨーロッパを旅しよう

世界地図を使って楽しみながら音読練習できる活動です。ペアで協力しながら音読練習をして、英語らしい発音やイントネーションを伸ばすことがねらいです。

全学年
100

準備するもの 教師：ワークシート

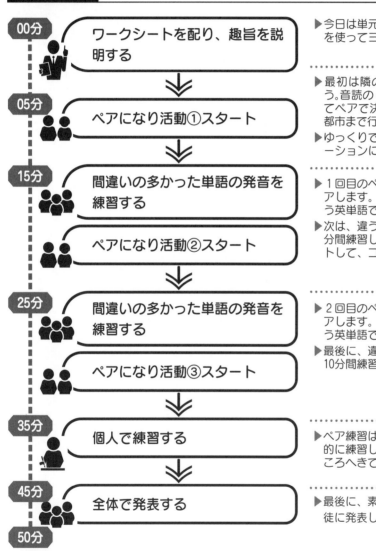

時間	活動	教師の声かけ
00分	ワークシートを配り、趣旨を説明する	▶今日は単元が1つ終わったので、教科書を使ってヨーロッパ旅行に出かけます
05分	ペアになり活動①スタート	▶最初は隣のペアで音読練習をしましょう。音読のしかたはWSの例を参考にしてペアで決めてください。10分間でどの都市まで行けるでしょうか？ ▶ゆっくりでもいいので、発音・イントネーションに注意しながら音読しましょう
15分	間違いの多かった単語の発音を練習する ペアになり活動②スタート	▶1回目のペア活動で多かったミスをシェアします。○○ページの○○と○○という英単語です。みんなで練習しましょう ▶次は、違うペア（前後のペアなど）で10分間練習します。続きの都市からスタートして、ゴールを目指しましょう
25分	間違いの多かった単語の発音を練習する ペアになり活動③スタート	▶2回目のペア活動で多かったミスをシェアします。○○ページの○○と○○という英単語です。みんなで練習しましょう ▶最後に、違うペア（斜めのペアなど）で10分間練習します
35分	個人で練習する	▶ペア練習は終わりです。これ以降は個人的に練習して、自信がついたら先生のところへきてください
45分	全体で発表する	▶最後に、素晴らしい音読ができていた生徒に発表してもらいます
50分		

ポイント
・時間があれば、「世界地図でどこまで行けたか」の発表もすると盛り上がります。

●**参考文献・先行実践**
「田尻悟郎のWebsite Workshop」http://www.benesse-gtec.com/fs/tajiri/
●**アレンジ** ことわざ×旅行　want to×旅行

音読でヨーロッパを旅しよう

クラス（　　）　番号（　　）　氏名（　　　　　　　　）

ペアで音読をして、1回読んだらその都市の〇を塗りつぶそう。

【音読の例】・ペアで1文ずつ読み　　・同時読み（ペアで同時に読んでみよう）

・訳読み（ペアで日本語に訳しながら読む）

・じゃんけん読み（負けたら2文、勝ったら1文読む）

地図掲載サイト引用：ベネッセコーポレーション GTEC サイト

- Madrid、Nice、Roma　⇒　th（舌を軽く噛みながら）に注意して音読
- Athens、Bucharest、Beigrade　⇒　v、f（下唇を軽く噛みながら）に注意して音読
- Venice、Budapest、Warsaw　⇒　r（舌を丸めて）に注意して音読
- Riga、Luxembourg、Paris　⇒　イントネーション（強弱）に注意して音読
- London からゴールまで　⇒　上記の発音やそれ以外の発音に注意しながら音読

41 ターゲット文法 × 回し読み
三角貿易ライティング

全学年

与えられたお題に対して5分程度で英作文し、それを3人で回し読みしながらコメントを書いていく活動です。英作文する力を伸ばすだけでなく、生徒同士の相互理解を深めることもねらいとしています。

| 準備するもの | 教師:ワークシート(両面で印刷) 生徒:和英辞書 |

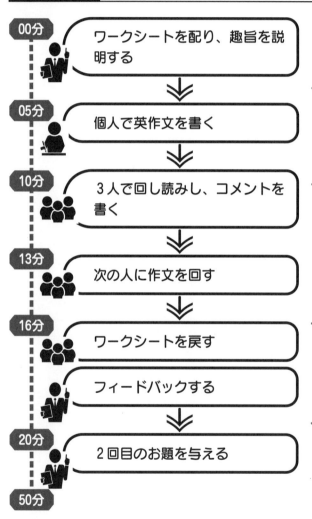

00分 ワークシートを配り、趣旨を説明する
▶普段友達の英作文を読むことはあまりないと思います。お題について、5分程度でライティングしたあと、それを3人で回し読みします

05分 個人で英作文を書く
▶1回目のお題は、〜です。WSの「お題」の欄に記入し、英作文を書きましょう。(例)"What do you want if you can get anything?" "Which country do you want to go?"

10分 3人で回し読みし、コメントを書く
▶3人のグループをつくり、友達の英作文に対して英語でコメントしてあげましょう。3分間でできるだけ多くの英文を書いてください

13分 次の人に作文を回す
▶時間です。用紙を次の人に回してください

16分 ワークシートを戻す
▶時間です。最初に英作文した生徒に戻してあげましょう

フィードバックする
▶いまの活動で、素晴らしいコメントをしていたグループを紹介します

20分 2回目のお題を与える
▶それでは、2回目です。WSを裏面にしてください。お題は、〇〇です。

50分

＊以下、三角貿易ライティングを繰り返す

ポイント

・〈お題の例〉100万円あったらしたいこと／透明人間になったらしたいこと／何にでも効く万能薬があったら使いたいこと／どこでもドアがあったら行きたい場所／だれとでもつながるスマホがあったら話したい人

●アレンジ 過去形 × 回し読み 自己紹介 × 回し読み

三角貿易ライティング

クラス（　　　）　番号（　　　）　氏名（　　　　　　　　　　）

お題【　　　　　　　　　　　　　　　　　　　】

【　　　　　　】さんからのコメント

> （例）お題【どこでもドアがあったら】
> I want to go to America if I have a Dokodemo door. I want to speak English a lot and practice it. I want to go to the moon, too.

【　　　　　　】さんからのコメント

> （例）コメント
> 【同意したいとき】I agree. I think so, too.
> 【反対したいとき】I disagree. I don't think so.

----

42 語彙学習 × 模倣
名英文の作成大会

与えられた英単語やイディオムなど（キーワード）を使ってグループで英作文し、どれだけ名文を作れるか競う活動です。英単語の意味や使い方を復習しながら、英作文を通してその習熟を図ります。

準備するもの　教師：教科書

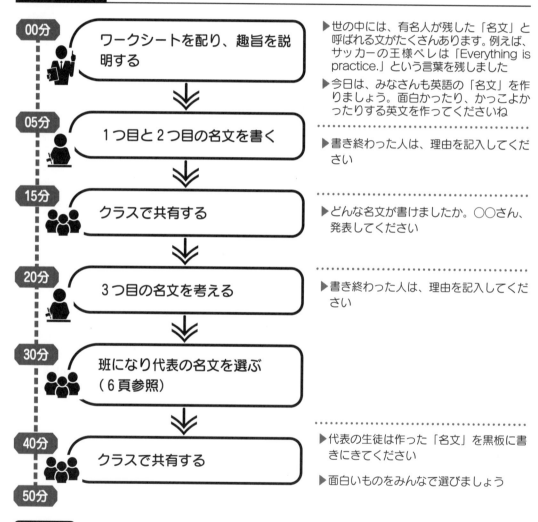

ポイント
・時間に余裕があれば、今日の名文大賞の選定と発表を行いましょう。
・「面白い」と感じる基準は主観で OK ですが、できるだけ多くの生徒が納得できる英文を作るように促しましょう。

●アレンジ　ことわざ×模倣　音読×模倣

名英文の作成大会

クラス（　　）　番号（　　）　氏名（　　　　　　　）

1. 下の（　　）を考えて、1つ目の名文を考えよう！

例：No music, no life.
（音楽なしでは生きられない）

| No　（　　　　　　　）, no life. |
| 意味【（　　　　　）なしでは生きられない】 |

［この名文を考えた理由］
....
....
....

2. 下の（　　）を考えて、2つ目の名文を考えよう！

例：Success is important, but trying is more important.
（成功することは重要だけど、挑戦することはもっと重要だ）

| （　　　　　）is important, but （　　　　　）is more important. |
| 意味【（　　　　　）は重要だけど、（　　　　　）はもっと重要だ】 |

［この名文を考えた理由］
....
....
....

3. 下の（　　）を考えて、3つ目の名文を考えよう！

| （　　　　）is（　　　　）, but（　　　　）is more（　　　　）. |

［この名文を考えた理由］
....
....
....

43 品詞 × 名前あてクイズ
品詞がヒント

キーワードに関する動詞・名詞・形容詞・副詞を考えてクイズを出す活動です。英文を書いたり読んだりする上で大切になる、英語の品詞に注目する力を伸ばします。同時に、辞書指導もでき、語彙の幅を広げることができます。

| 準備するもの | 教師:ワークシート　生徒:教科書、和英辞書 |

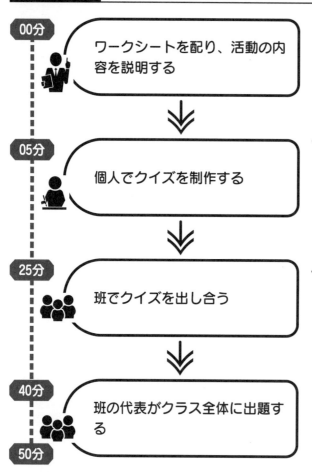

00分 ワークシートを配り、活動の内容を説明する
- ▶「品詞」って覚えていますか？「ナントカ詞」といわれている言葉の種類です
  - 動詞！　名詞！　代名詞！
- ▶1つキーワードを決めて、それに関する英単語を書いていきます

05分 個人でクイズを制作する
- ▶まずは、【　】の部分にクイズの答えとなる言葉を入れます。キーワードは、できるだけみんなが知っているようなものを選んでくださいね
- ▶教科書や和英辞書を使って、関連する言葉を品詞別にどんどん書きましょう

25分 班でクイズを出し合う
- ▶それでは、副詞から順にヒントを出しましょう
  - …名詞は、snow、weather、wind　動詞は、ski、skate、slip
  - わかった！ winter だ!!

40分 班の代表がクラス全体に出題する

50分

ポイント
・副詞で正解したら4点、形容詞で3点、名詞で2点、動詞で1点を与えるなどとするとゲーム性が高まります。
・最後の活動はグループ対抗戦にして、点数を競わせると盛り上がります。
・全学年でできますが、1年生は後半くらいから。

●参考文献・先行実践
ラクイチ国語研究会編『中学国語ラクイチ授業プラン』（学事出版、2017年）
●アレンジ　後置修飾 × 名前あてクイズ　比較表現 × 名前あてクイズ

品詞がヒント

クラス（　　　）　番号（　　　）　氏名（　　　　　　　　　）

（例）キーワード【　library　】

動詞	名詞	形容詞	副詞
study read can't talk	books desks chairs	new beautiful big	everywhere quietly

キーワード【　　　　　　　】

動詞	名詞	形容詞	副詞

キーワード【　　　　　　　】

動詞	名詞	形容詞	副詞

キーワード【　　　　　　　】

動詞	名詞	形容詞	副詞

44 英語詩 × 俳句づくり
Eigo Haiku の世界へ

普段は日本語でしか書かない俳句を英語で書いてみる活動です。自分の俳句に込めた思いを英語でパラフレーズ（言い換える）する力を伸ばします。

準備するもの 教師：教科書

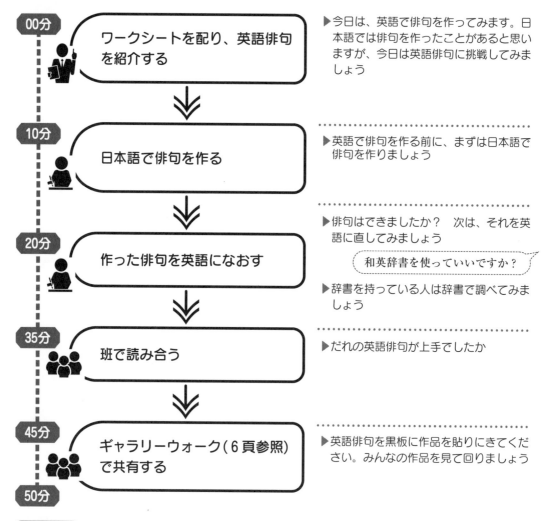

時間	活動	声かけ
00分	ワークシートを配り、英語俳句を紹介する	▶今日は、英語で俳句を作ってみます。日本語では俳句を作ったことがあると思いますが、今日は英語俳句に挑戦してみましょう
10分	日本語で俳句を作る	▶英語で俳句を作る前に、まずは日本語で俳句を作りましょう
20分	作った俳句を英語になおす	▶俳句はできましたか？ 次は、それを英語に直してみましょう （和英辞書を使っていいですか？） ▶辞書を持っている人は辞書で調べてみましょう
35分	班で読み合う	▶だれの英語俳句が上手でしたか
45分	ギャラリーウォーク（6頁参照）で共有する	▶英語俳句を黒板に作品を貼りにきてください。みんなの作品を見て回りましょう
50分		

ポイント

・「伊藤園お～いお茶新俳句大賞」のウェブサイト（http://www.itoen.co.jp/new-haiku/index.html）に、中学生の作った英語俳句も数多く掲載されています。始める前に紹介すれば、生徒の創作意欲が高まると思います。

●アレンジ　辞書 × 俳句づくり　語彙学習 × 俳句づくり

Eigo Haiku の世界へ

クラス（　　　）　番号（　　　）　氏名（　　　　　　　　　）

英語俳句を作ってみよう！
　・短い三行の詩であるとする
　・できれば季節感があるものとする

〔英語俳句の例〕

Blue sky and white clouds Go outside with my friends in the summer mountain	（直訳）青い空と大きな雲 友達と外へ遊びに行く 夏の山

まずは日本語で俳句を作ろう（難しければ三行詩で OK）

5音

7音

5音

作った俳句を英語に直そう

45 できごと × 単語1語 今年の英単語

毎年清水寺で発表される「今年の漢字」を英語バージョンで行う活動です。今年一年を振り返り、それに合う単語を考えることで、語彙学習や英作文活動にもなります。また、年度初めに「今年はこんな年にしたい」という1年間の抱負を書く活動としてもアレンジ可能です。

準備するもの 教師：ワークシート　生徒：教科書（和英辞書）

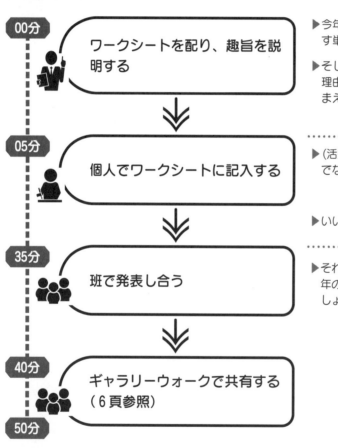

- 00分 ワークシートを配り、趣旨を説明する
  - ▶今年はどんな一年でしたか？ 今年を表す単語を1つ考えてみましょう
  - ▶そして、なぜその単語にしたのかという理由を、今年したことや感じたことを踏まえて、5文程度で書いてみましょう
- 05分 個人でワークシートに記入する
  - ▶(活動が止まっている子には)教科書だけでなく、和英辞書を使ってもいいですよ
  - 品詞は何でもいいんですか？
  - ▶いいですよ
- 35分 班で発表し合う
  - ▶それでは、グループになって一人ずつ今年の英単語とその理由を発表していきましょう
- 40分 ギャラリーウォークで共有する（6頁参照）
- 50分

ポイント

- 最初に教師の例を示すと、生徒は発想しやすくなるでしょう。
  （英作文の例）1年生⇒ 過去形を中心に自分が1年間で取り組んだことを中心に
  　　　　　　 2年生⇒ enjoyed ～ing、because 理由、最上級などを使って
  　　　　　　 3年生⇒ 現在完了（継続・経験）や、It is ～for me to～などを使って
- 思いつかない生徒には、最初にどんな一年だったかをたくさん挙げさせてから活動するように伝えるとよいでしょう。

●アレンジ　教科書 × 単語1語　　語彙学習 × 単語1語

今年の英単語

クラス（　　　）　番号（　　　）　氏名（　　　　　　　　　）

今年の英単語

意味

この単語にした理由（英語で5文程度）

漫画 × 対話劇

46 組み合わせストーリー

与えられた漫画のコマを使って、自由な発想で物語を作る活動です。コマとコマとの関係や文脈を考え、適した英語表現をセリフにして、対話を完成させます。

準備するもの　教師：ワークシート、A3用紙（人数分）　生徒：はさみ、のり

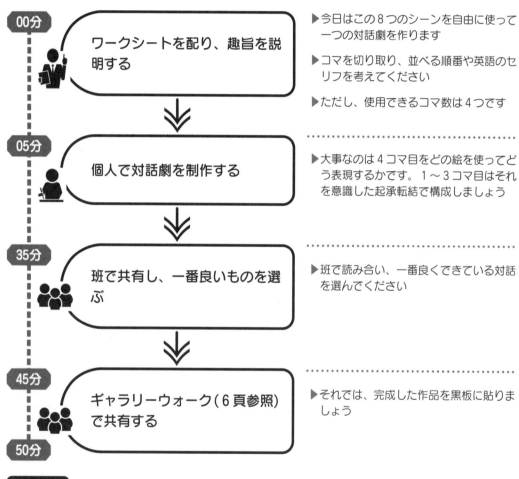

ポイント

・出来上がった対話を実際に演じてみるのも楽しい活動です。
・英語が苦手な生徒には、自分でアイデアをたくさん出して、ペアで制作することを促しましょう。

●参考文献・先行実践
佐藤漫画製作所（マンガ on ウェブ）http://mangaonweb.com/
ラクイチ国語研究会編『中学国語ラクイチ授業プラン』（学事出版、2017年）
●アレンジ　want to × 対話劇　　There is (are) … × 対話劇

組み合わせストーリー

クラス（　　）　番号（　　）　氏名（　　　　　　　）

下のコマから４つを切り取り、組み合わせて一つの対話を作ろう。

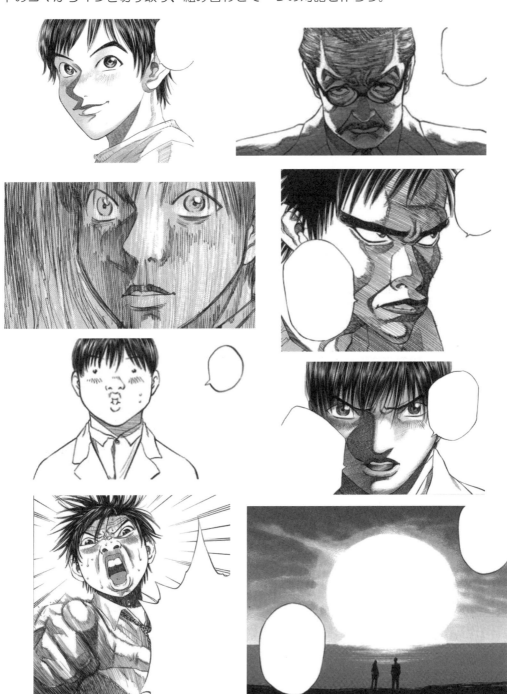

学校行事 × キャッチコピー
47 キャッチコピーを考えよう

キャッチコピーを考える活動です。短いフレーズで多くの人に効果的に表現して伝えるために、言葉を選択する力を磨きます。生徒が活動しやすいように、生徒会執行部として学校祭のキャッチコピーを考える、という設定にしています。

準備するもの 教師：ワークシート

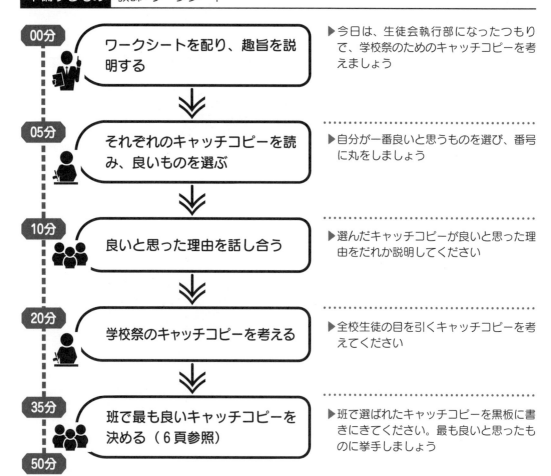

時間	活動	指示・説明
00分	ワークシートを配り、趣旨を説明する	▶今日は、生徒会執行部になったつもりで、学校祭のためのキャッチコピーを考えましょう
05分	それぞれのキャッチコピーを読み、良いものを選ぶ	▶自分が一番良いと思うものを選び、番号に丸をしましょう
10分	良いと思った理由を話し合う	▶選んだキャッチコピーが良いと思った理由をだれか説明してください
20分	学校祭のキャッチコピーを考える	▶全校生徒の目を引くキャッチコピーを考えてください
35分〜50分	班で最も良いキャッチコピーを決める（6頁参照）	▶班で選ばれたキャッチコピーを黒板に書きにきてください。最も良いと思ったものに挙手しましょう

ポイント
・長いキャッチコピーも良いですが、目を引くものであれば短いキャッチコピーも効果的であると話をするとよいでしょう。
・学校祭の時期が近ければ、授業の最後に選ばれたキャッチコピーを実際に生徒会執行部に提案できれば、さらにモチベーションを持って生徒は授業に取り組めるでしょう。

●**参考文献・先行実践**
　ラクイチ国語研究会『中学国語ラクイチ授業プラン』（学事出版、2017年）
●**アレンジ**　can × キャッチコピー　　できごと × キャッチコピー

キャッチコピーを考えよう

クラス（　　　）　番号（　　　）　氏名（　　　　　　　　　）

　学校祭が1ヶ月後に迫った、ある日の生徒会執行部ミーティング。全校生徒に学校祭をより楽しんでもらうために、執行部メンバーで学校祭のキャッチコピーを考えることにしました。今年は英語でキャッチコピーを考えることになり、みんなで意見を出し合います。

1　Study hard. Dream big.
「たくさん勉強して、大きな夢を抱け！」
2　Live for yourself.
「自分のために生きろ！」
3　Live each day as if it's your last.
「毎日を人生の最後の日だと思って生きろ！」
4　Just do it.
「とにかくやってみろ！」＊ナイキのキャッチコピー
5　Impossible is nothing.
「不可能なんてなんでもない」＊アディダスのキャッチコピー
6　Just enjoy it.
「とにかく楽しめ！」
7　Life is short. Live passionately.
「人生は短い。情熱を持って生きろ」
8　Life is a one time offer, enjoy it well.
「人生は一度きり。楽しめ！」
9　Be ambitious!
「大志を抱け！」

学校祭のキャッチコピー案

キャッチコピー
キャッチコピーに込めた思い・意味

48 教科書 × ディクテーション
ペア・ディクテーション

ディクテーションをすることで、リスニングの力、語彙の力、文法の力の向上など様々な効果が期待されますが、生徒にとってはなかなかハードルの高いもの。この活動では、そのディクテーションを3段階に分けて、ペアで協力しながら取り組ませます。

準備するもの 教師：ワークシート、教科書対応のCD、CDプレイヤー　生徒：教科書

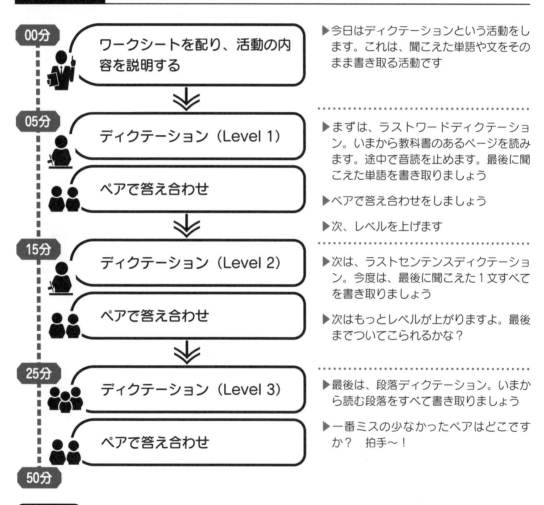

時間	活動	教師の言葉
00分	ワークシートを配り、活動の内容を説明する	▶今日はディクテーションという活動をします。これは、聞こえた単語や文をそのまま書き取る活動です
05分	ディクテーション（Level 1） ペアで答え合わせ	▶まずは、ラストワードディクテーション。いまから教科書のあるページを読みます。途中で音読を止めます。最後に聞こえた単語を書き取りましょう ▶ペアで答え合わせをしましょう ▶次、レベルを上げます
15分	ディクテーション（Level 2） ペアで答え合わせ	▶次は、ラストセンテンスディクテーション。今度は、最後に聞こえた1文すべてを書き取りましょう ▶次はもっとレベルが上がりますよ。最後までついてこられるかな？
25分	ディクテーション（Level 3） ペアで答え合わせ	▶最後は、段落ディクテーション。いまから読む段落をすべて書き取りましょう ▶一番ミスの少なかったペアはどこですか？　拍手〜！
50分		

ポイント

- 教科書の既習の題材を使うと、聞き取りが苦手な生徒も取り組みやすく、良い復習になります。
- 生徒の実態に合わせて、選択する段落の長さや音読のスピードや回数は調整しましょう。
- ペアで答え合わせをさせた後、教師が正しい答えを板書します。

●アレンジ　基本文 × ディクテーション　　音読 × ディクテーション

ペア・ディクテーション

クラス（　　　）　番号（　　　）　氏名（　　　　　　　　　）

Level 1　ラストワードディクテーション（最後に聞こえた単語を書き取りましょう）

①	
②	
③	

Level 2　ラストセンテンスディクテーション（最後に聞こえた文を書き取りましょう）

①	
②	
③	

Level 3　段落ディクテーション（聞こえてくる段落すべてを書き取りましょう）

49 語彙学習 × 4択クイズ
和製英語はどれだ

　和製英語を辞書で調べ、それらを英語と混ぜてクイズに出題することで、英語の語感を養います。日本語のなかで普段何げなく英単語のように使っている言葉が、英語としては通じないことを知ることで、言葉の気づきを促します。

準備するもの　教師：ワークシート　生徒：英和辞典、国語辞典

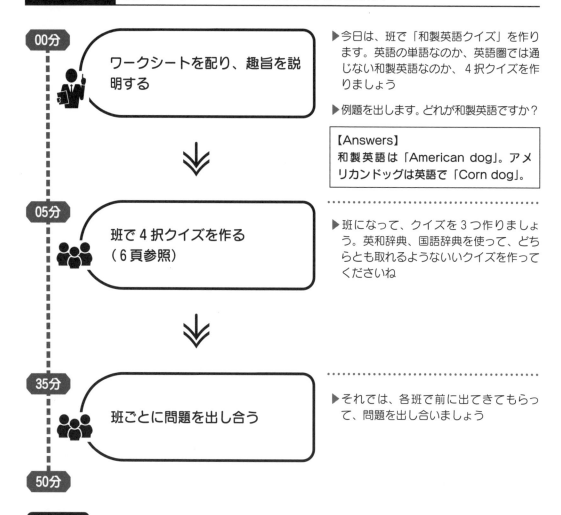

00分 ワークシートを配り、趣旨を説明する
- ▶今日は、班で「和製英語クイズ」を作ります。英語の単語なのか、英語圏では通じない和製英語なのか、4択クイズを作りましょう
- ▶例題を出します。どれが和製英語ですか？

【Answers】
和製英語は「American dog」。アメリカンドッグは英語で「Corn dog」。

05分 班で4択クイズを作る（6頁参照）
- ▶班になって、クイズを3つ作りましょう。英和辞典、国語辞典を使って、どちらとも取れるようないいクイズを作ってくださいね

35分 班ごとに問題を出し合う
- ▶それでは、各班で前に出てきてもらって、問題を出し合いましょう

50分

ポイント
・いかに本物らしい選択肢を作るかがポイントです。
・25分間でできるだけ迷いのある問題を作るために、グループの中で役割分担をするなどして、効率よく問題を作るよう指示しましょう。

●アレンジ　フォニックス×4択クイズ　できごと×4択クイズ

和製英語はどれだ

クラス（　　　）　番号（　　　）　氏名（　　　　　　　　　）

和製英語って何？
・英語に似ている和製の外来語。
・英語圏では別の表現をするので、理解されなかったり通じなかったりする。
（例①）「ガソリンスタンド」　→　英語では gas station
（例②）「ジーパン」　→　英語では jeans

和製英語クイズを班で作ろう！（1つだけ和製英語を入れる）

（クイズ例）　ア soda　イ American dog　ウ butter　エ junk food

問題①

| ア |
| イ |
| ウ |
| エ |

問題②

| ア |
| イ |
| ウ |
| エ |

問題③

| ア |
| イ |
| ウ |
| エ |

50 既習文法 × ペンゲーム
英会話でペンゲーム

あるトピックについて、ペアで一文ずつ交互に自分の意見や考えを言う活動です。現在学習中の表現をたくさん使用させたい、これまで習った表現を楽しく復習させたいときにぴったりの活動です。

準備するもの 教師：ワークシート、トピック一覧表　生徒：教科書、ノート、ペン

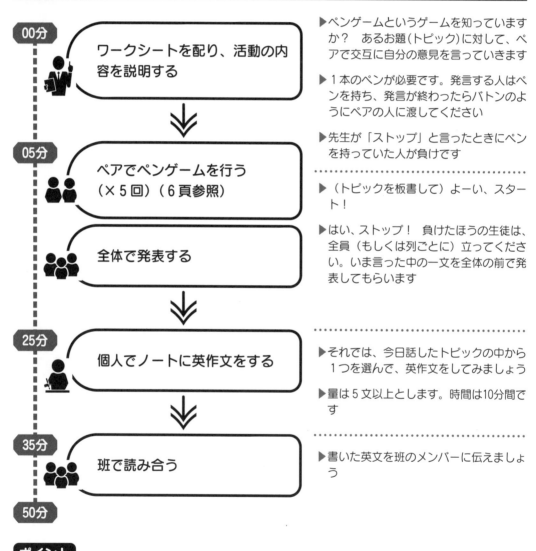

ポイント
・上手なペアがあれば、指名してみんなの前でやってもらうのもいいでしょう。

●アレンジ　基本文 × ペンゲーム　　語彙学習 × ペンゲーム

英会話でペンゲーム

クラス（　　　）　番号（　　　）　氏名（　　　　　　　　　）

＜ペンゲームのルール＞
①ペアでペンを１本用意する。
②発言する人がペンを持ち、話し終わったらペアに渡す。
③終了の合図のときにペンを持っていた人が負け。

＜トピックス＞
○

○

○

★ペンゲームで話した内容をもとにして、英作文をしてみよう。

英会話でペンゲーム　学年別トピック一覧［教師用］

【1年生】

自分の好きなもの・嫌いなもの [I like soccer. (I don't like natto.)]	昨日したこと [I played soccer with my friends.]
自分が欲しいもの [I want a new pen case.]	自分にとって面白いこと [Manga is interesting.]
自分ができること・できないこと [I can run fast. (I can't speak Korean.)]	教室にあるもの [A clock is on the wall.]
自分が持っているもの [I have my smart phone.]	学校紹介 [Our school has a music room.]
友達・先生の紹介 [Mr. Nomura teaches math.]	普段、家（学校）ですること [I watch TV. (I talk with my friends)]

【2年生】

昨日のあのとき、していたこと [I was studying English at eight.]	もし時間があったら、何をする？ [If I have a lot of time, I will sleep.]
今週末する予定のこと [I am going to go to Kanazawa.]	もし（100万円）あったら、何を買う？ [If I have (100万円), I will buy a lot of books.]
学校にくる目的 [I come to school to study.]	家（部屋・町）にあるもの [There are two TVs in my house.]
将来やってみたいこと [I want to go to America in the future.]	普段、家（学校）で楽しんでいること [I enjoy playing video games.]
家（学校）でしなければいけないこと [I have to clean my room.]	～より大きいもの [Dogs are bigger than cats.]

【3年生】

自分を幸せにしてくれるもの [Friends make me happy.]	自分にとって楽しいこと [It is fun for me to talk with my friends.]
ずっと続けていること [I have played soccer for 10 years.]	自分にとってわくわくすること [It is exciting for me to play soccer.]
ずっと大切なもの [My pen case has been important for me.]	先生（親）にしてほしいこと I want (teachers) to be kind.
行ったことのある場所 [I have been to Hokkaido.]	自分のもの紹介 [This is a pen I bought last year.]
やり方を知っていること [I know how to cook miso soup.]	友達紹介 [Kota is a student who plays soccer.]

中学校教師が小学校英語に求めること 小学校教師が思うこと

中学1年生の変化

江澤：もうすぐ小学校で外国語活動が教科化されますね。小学校は令和2年度からですが、我々の住む福井県は平成30年度から全県で実施されます。率直なところ、小学校で外国語活動が始まって1年生の様子は変わったと思いますか？

内藤：良い効果としては、スピーキングを躊躇する生徒が減った気がしますね。あくまで感覚ですが。

橋本：逆に、中学校に入ってきた時点で英語が嫌いな生徒も結構出てきたよね。そんな研究結果を見たことあります。

江澤：厳しい……。

小学校でもフォニックスを

内藤：中学校での必修単語が増えるけど、莫大な量の単語を覚えないといけないのは大変だよね。やっぱりおすすめはフォニックスかな。

江澤：フォニックスの考え方やルールは、本当に良いですよね。前任校で中学1年生の4月・5月を中心に、徹底的にフォニックスをやったことがあるけど、単語を記憶する負担が減ったとアンケートから明らかになりました。結果的にその学年の成績は一気に伸びましたね。1年の当初はその効果は見られないけど、学年が上がるにつれて、どんどん効果が出てくる。

橋本：英語が苦手な子って、単語が覚えられないという理由が多い。他教科も勉強しないといけない中学生にとったら、何十回も書いて覚えろっていうのはつらいよね。

江澤：確かに。小学校の新しい教科書を見ると、フォニックスに関係することが書いてあるんですよね。だから、小学校でもぜひ取り組むといいですよね。文字と音との気づき程度でもいいからそういった感覚をつけてあげて、中学校に送り出せたらなって。

小学校の授業に望むこと

内藤：あと、語順だね。英語には語順があるということに少しでも気づけるような活動をやってほしい。「I tennis play.」と聴いて「ん？なんか違うぞ」という程度でいいから。それと、いい意味で「曖昧でもOK」という姿勢も育ててほしい。下手でもいいから、粘り強く取り組む好奇心というか。

江澤：求めすぎな気が……（笑）。

橋本：小学校の授業をしているALTの先生には、小学校の児童に語りかけるように話してほしいよね。子どもたちが意味をとれないのにどんどん英語でしゃべっちゃうのはどうかなと……。身振り手振りを交えて、わかるように話してほしい。もちろん、担任の先生しかり。でも、担任の先生も忙しいし……そう考えると、

●参加者：江澤隆輔（教師11年目・小学校勤務）、橋本秀徳（教師10年目・中学校勤務）、内藤元彦（教師10年目・中学校勤務）
※年数は執筆当時

やっぱり小学校にも英語専科の先生が必要だと思う。

江澤：それ、先日の研修会で質問しました。専科という言葉は使いませんでしたが、これだけ多忙ななか、小学校でさらに英語を入れるとなると、先生方の負担はかなり増える。一人の先生がすべてのクラスの英語を教えるという仕組みできないものかと。

橋本：どうでした？回答は。

江澤：回答はやっぱり No。国がそういう考え方だから、県もそう回答せざるを得ないのでしょうけど、何かを増やすのであれば何かを減らすことは必須なのに……。

目からウロコの小学校英語

内藤：ところで、新しい指導要領での小学校英語活動で書くことの指導はどうなっていましたっけ？

江澤：4線を意識しながら、英文を丁寧に書き写したり、なぞり書きしたり、程度ですね。やっぱり小学校って耳が勝負なんですよね。過去形なんかも小学校でやり始めますが、不規則動詞をメインにしている。そっちのほうが耳で気づきやすいし。規則動詞よりも不規則動詞で過去形を気づかせるって、目からウロコでした。

橋本：なるほど。

江澤：しかも、夏休み明けに過去形をやるとやりやすいんですよね。「どこ行った？」とか「何した？」という話をすることが多いので。そういった意味では、過去形の学習を夏休み明けにするのが有効だ！と小学校で再認識しました。

中学校の教師がすべきこと

内藤：そうなると、中学校の英語教師は、今後、生徒たちが小学校でどんなことをやってきて、どういう力をつけているのかをちゃんと把握すべきだね。少なくとも、小学校で使っている教科書くらいは見ておくべきだし、できれば校区の小学校の授業も見ておきたい。

江澤：そういう意識をもっていることは大切ですよね。「小中連携」はさらに重要になってきますね。また、小学校同士でどんな英語活動を行っているか確認するような「小小」も。月1回「小小連携」で集まって情報交換している地区があるようです。忙しいなかそこまでしている小学校の先生には本当に頭が下がります。

過去形ビンゴ［オリジナル編］

　　　　　　クラス（　　）　番号（　　）　氏名（　　　　　　　　）

〔準備〕16個の質問を考えましょう。空欄のところは自分で質問を考えてください。
〔ゲーム〕
①ペアに過去形を使って、質問しよう（例：Did you study English yesterday?）
②回答が Yes, I did. なら〇、No, I didn't. なら×を（　）に書こう。
③16個の質問が終わったら、〇か×でビンゴがいくつあるか数えてみよう！

study ＿＿＿＿	use ＿＿＿＿	play ＿＿＿＿	listen to ＿＿＿＿
（　　）	（　　）	（　　）	（　　）
＿＿＿＿＿＿	watch ＿＿＿＿	study ＿＿＿＿	go to ＿＿＿＿
（　　）	（　　）	（　　）	（　　）
call ＿＿＿＿	study ＿＿＿＿	＿＿＿＿＿＿	do ＿＿＿＿
（　　）	（　　）	（　　）	（　　）
play ＿＿＿＿	go to ＿＿＿＿	meet ＿＿＿＿	＿＿＿＿＿＿
（　　）	（　　）	（　　）	（　　）

　　やり取りをした数　　ビンゴの数　　　　あなたの得点
　　〔　　　〕×1点　＋　〔　　　〕×5点　＝　【　　　　】点

English Name リスト [資料]

For Boys

Oliver	Edward
Jack	Harrison
Harry	Jake
David	Noah
Charlie	Leo
Thomas	Alexander
George	Max
Oscar	Tyler
James	Lucas
William	Henry

For Girls

Grace	Sofia
Olivia	Alice
Sophia	Lucy
Emily	Erin
Poppy	Eva
Ava	Rosie
Isabella	Maya
Jessica	Lola
Lily	Scarlett
Sophie	Elizabeth

参考：「the 100 most popular British baby names」
http://www.yahoo.com/news/the-100-most-popular-british-baby-names-126911905396.html

ラクイチシリーズ情報コーナー
ラクイチシリーズに参加しませんか？

ダウンロード

ラクイチシリーズでは、本に掲載されているワークシートや便利な資料（128頁参照）をダウンロードしてお使いいただけます。Wordデータですので、アレンジが可能です。

※一部ダウンロードできないものもあります。

「中学英語ラクイチ授業プラン」ダウンロードURL
http://www.gakuji.co.jp/rakuichi_eigo

情報募集

以下のような情報をお寄せください。お待ちしています！
・本書の感想
・本書の実践レポート
・実践によってできた生徒作品　※生徒名は匿名でお願いします
・ソフトとハードの組み合わせを変えた、新しいラクイチ授業プランのアイデア
・他の先生に紹介したいオリジナルのラクイチ授業プラン

「ラクイチ授業コミュニティ」メールアドレス
rakuichi@gakuji.co.jp

情報発信

ラクイチシリーズのfacebookページがあります。関連情報やトピックスを発信しています。

Facebookページ
http://www.facebook.com/rakuichi/

　「ラクイチ授業コミュニティ」

● 「中学英語ラクイチ授業プラン」執筆者（◎は執筆代表、☆はシリーズ編集代表）

◎ 江澤　隆輔　福井県坂井市立春江東小学校
　河合　　創　福井県福井市大東中学校
　内藤　元彦　福井県越前町立朝日中学校
　橋本　秀徳　福井県越前市万葉中学校
☆ 関　　康平　開智日本橋学園中学校・高等学校（ラクイチ授業研究会代表）

編集協力：楽山　進（国立富山高等専門学校）

● 「ラクイチ英語」ダウンロード版（127頁参照）に含まれるコンテンツ一覧

1　本書に掲載されているワークシートのWord版

ラクイチ授業タイトル	タイトルNo.
No.40をのぞくすべて	No.1-39, 41-50

2　紙面に掲載しきれなかったワークシート

ラクイチ授業タイトル	タイトルNo.
基本文タイムトライアル［一日の生活編］	No.1

3　自作することでさらにアクティブラーニングになる「オリジナル編」（本書にも掲載）

ラクイチ授業タイトル	タイトルNo.
過去形ビンゴ	No.4
英単語クロスワードパズル	No.15

ラクに楽しく1時間　中学英語ラクイチ授業プラン

2018年4月1日　初版第1刷発行
2020年2月13日　初版第3版発行

編　著──ラクイチ授業研究会
発行者──安部英行
発行所──学事出版株式会社
　　　　　〒101-0021　東京都千代田区外神田2-2-3
　　　　　電話　03-3255-5471　　http://www.gakuji.co.jp

編集担当　戸田幸子　　編集協力　工藤陽子
イラスト　イクタケマコト　　装　丁　精文堂印刷制作室／内炭篤詞
印刷製本　精文堂印刷株式会社

©rakuichi jyugyokenkyukai, 2018 Printed in Japan　　　落丁・乱丁本はお取替えします。
ISBN978-4-7619-2401-0　C3037

素材(ソフト)カード

使い方：①カードを切り取ります。
②すべて裏返し、〈ソフト〉と〈ハード〉のカードを同時に一枚ずつめくります。
③出たものを組み合わせて、オリジナルの授業を発想してみましょう。

フォニックス	語彙学習	疑問詞＋can	Are you ～？
現在進行形	数字の英単語	三単現	Can
基本文	過去形の疑問文	疑問詞	自己紹介

点線にそって、きれいに切り取ってください。

素材(ソフト)カード

Why-Because (to)	want to	関係代名詞	辞書
過去形	比較表現	to 不定詞	後置修飾
want to	助動詞	There is (are)…	ことわざ

点線にそって、きれいに切り取ってください。

素材(ソフト)カード

英作文	ターゲット文法	ことわざ	和製英語
教科書	音読	英語詩	学校行事
現在完了形	オノマトペ	品詞	漫画

点線にそって、きれいに切り取ってください。

学習活動（ハード）カード

使い方：①カードを切り取ります。
②すべて裏返し、〈ソフト〉と〈ハード〉のカードを同時に一枚ずつめくります。
③出たものを組み合わせて、オリジナルの授業を発想してみましょう。

法則探し	かるた	都道府県クイズ	質問ゲーム
Picture Description	100DOTS	インタビュー	ブレインストーミング
タイムトライアル	ビンゴ	取材	紹介文

点線にそって、きれいに切り取ってください。

学習活動(ハード)カード

プロフィール帳	クロスワードパズル	PR	ペアチャット
プランニング	回し読み	プレゼンテーション	
トーナメント	比べる	ワードサーチパズル	ディスカッション
審査			

✂ 点線にそって、きれいに切り取ってください。

学習活動(ハード)カード

名前あてクイズ	イメージ理解	食レポ	旅　行
英　訳	辞書づくり	添　削	なりきり
人物あてクイズ	ストーリーづくり	4コマ漫画	連　想

点線にそって、きれいに切り取ってください。

学習活動(ハード)カード

単語1語	ディクテーション ※オリジナル		※オリジナル
俳句づくり	キャッチコピー	ペンゲーム	
模倣	対話劇	4択クイズ ※オリジナル	※オリジナル

点線にそって、きれいに切り取ってください。